黄河山 /著

SPM
南方出版传媒
广东经济出版社
·广州·

图书在版编目（CIP）数据

好父母幸福养育手记．女孩篇 / 黄河山著．—广州：广东经济出版社，2017.2
ISBN 978-7-5454-4941-9

Ⅰ．①好… Ⅱ．①黄… Ⅲ．①儿童教育—家庭教育 Ⅳ．① G78

中国版本图书馆 CIP 数据核字（2016）第 269943 号

出版发行	广东经济出版社（广州市环市东路水荫路 11 号 11~12 楼）
经销	全国新华书店
印刷	北京盛兰兄弟印刷装订有限公司（北京市大兴区黄鹅路西临 89 号）
开本	787 毫米 ×1092 毫米 1/16
印张	14
字数	160 000
版次	2017 年 2 月第 1 版
印次	2017 年 2 月第 1 次
书号	ISBN 978-7-5454-4941-9
定价	39.80 元

如发现印装质量问题，影响阅读，请与承印厂联系调换。

广东经济出版社常年法律顾问：何剑桥律师

· 版权所有　翻版必究 ·

目录

Part 1
女孩面临的四重困境

01

第一重困境：健康困境

002 扭曲的审美观，让女孩越来越热衷减肥

008 健康困境，困住的不只是女孩的身体

02

第二重困境：早熟困境

012 性无知，给女孩带来性与爱的困惑

016 早熟困境，让女孩处于危机之中

03

第三重困境：心理困境

022 心理脆弱，难以承受挫折

027 心理困境，给女孩带来无法承受之重

04
第四重困境：就业困境

033 性别歧视，导致女孩就业难
037 就业困境，让女孩在职场步步维艰

Part 2
养育女孩，请先走进女孩的世界

01
认识女孩独有的生理结构

042 X 染色体为女孩画出成长蓝图
046 雌性激素让女孩更易受情绪左右
050 大脑结构差异，给女孩带来思维的优劣势

02
了解女孩独特的心理特点

055 “爸爸妈妈要爱我”：女孩更渴望父母的爱
061 “我该怎么做”：女孩更容易缺乏主见
066 “我是不是做错了”：女孩通常很敏感
071 “我不行”：女孩通常很娇弱

03
把握女孩成长的三个关键阶段

077 0-7 岁，需要充足的安全感
082 8-12 岁，想要跟世界建立更多联系
088 13-16 岁，青春期的向往与困惑

Part 3
怎样培养更优秀的女孩？

01
母亲教育，对女孩的成长至关重要

094 缺少母爱，让女孩的心灵产生缺口
099 爱与陪伴，让女孩拥有充足的安全感
103 做好榜样，给女孩积极的影响

02
父亲的爱，影响女孩一生的幸福

109 父爱缺席，让女孩提早进入青春期
114 优秀的女孩，背后都有一个好爸爸
119 人生不同阶段，给女孩不同的教育

03
养成好习惯，帮女孩提升自我

125 爱自己，是正能量的来源
130 懂礼仪，女孩才能优雅有气质
137 放开手，让女孩独立起来
142 有条理，让生活井然有序

04
修炼好性格，让女孩一生更幸福

148 树立自信，告别自卑
154 赶走女孩心中的雾霾，让她更乐观
160 为女孩注入勇气，让她不再胆小怯懦

05
培养好品行，让女孩创造好未来

165 责任：成就一生事业的基石
169 诚信：一诺值千金
174 感恩：生活中的大智慧
179 分享：懂得分享的女孩最美好

Part 4
女孩成长中的常见问题

01
女孩早恋，如何巧妙应对？

186 正确看待女孩早恋，不强硬干涉
187 帮助女孩认识早恋，了解“爱”的真面目

02
女孩热衷追星，如何巧妙应对？

191 正确对待追星，不谈“星”色变
193 接受女孩追星，巧妙进行引导

03
女孩沉迷网络，如何巧妙应对？

197 女孩沉迷网络，多与家庭环境有关
198 了解女孩的“网瘾”类型，对症下药

04

女孩青春期叛逆，如何巧妙应对？

203　青春期“叛逆”，每个女孩的必经阶段
205　恰当关爱女孩，化解青春期逆反心理

05

女孩遭遇性骚扰，如何巧妙应对？

209　性骚扰“低龄化”明显，家长应警惕
210　了解必要知识，保护女孩远离性骚扰

Part 1

女孩面临的四重困境

好父母幸福养育手记（女孩篇）

01

第一重困境：健康困境

扭曲的审美观，让女孩越来越热衷减肥

女孩热衷于减肥的主要原因：

- 对自我形象的过度在意
- 缺乏自信
- 媒体宣传的误导
- 娱乐圈的错误榜样

2014 年 8 月，《扬子晚报》报道的一则新闻，在网上掀起了关于减肥的热议：

> 苏州某女孩，上高中时跟风节食减肥，体重下降到只有 78 斤，并因此引发了便秘、食欲不振甚至绝经等问题，体能也随之下降，身体各项机能都逐渐退化。家人为了能让女儿胖回来，目前已经花了近 40 万元的医药费。
>
> 说起减肥的过程，这位女孩十分后悔。原来，在她上高二时，因为脊椎有些错位，不得不休学一年进行调养。休养期间，由于父

母的精心照顾，女孩恢复得很快，体重也上升到了110斤左右。其实，相对她169厘米的身高来说，这个体重是比较适中的。

一年后，她重新回到学校上课。这时，她惊讶地发现，班上的女生好像都比去年瘦了不少，一问才知道，原来班上的女生都在减肥，而减肥方式就是不吃或少吃。于是，她也跟着一起节食减肥。渐渐地，她越吃越少，少的时候甚至只吃一小口。

这样过了大半年，她越来越瘦，到2013年，她整个人几乎瘦得皮包骨头，脸色也变得蜡黄，看着非常不健康。因为吃得少，她开始便秘。更糟糕的是，她的月经也开始不正常了，到最后甚至开始闭经。2014年4月，父母带着她到无锡一家医院治疗。经过诊断，医生认为她是营养不良，于是给她开了一些药。吃了大概两个月后，她的体重果然开始上升。但是，到了第三个月时，她开始肚子胀，没有大便，也吃不下东西。

7月，父母又带着她去了上海的一家医院进行治疗。医生看了之前的病历，也没有详细说是什么病因，只是开了一些抗过敏的药。刚开始吃的头两天，她感觉非常好，食欲来了，肚子也不胀了，全家都欣喜若狂。然而，好景不长，约一个星期的时间，她的状况又回到了以前。

为了给她治病，家里已经花费了近40万元。最近，父母打算把房子卖了，给女儿治病。

如今，随着社会经济的迅速发展和生活水平的不断提高，肥胖人口在总人口中所占的比例不断上升，尤其是营养过剩的肥胖症患者逐渐增多，这使得人们对拥有苗条身材的人充满了憧憬。于是，“以瘦为美”

的审美观越来越流行。在这种观念的影响下，很多人形成了这样的看法——瘦即美，胖即丑，越瘦越美。

“爱美之心，人皆有之”，女孩们追求美本无可厚非，但是，在模特、影坛明星、各类选美、时尚界服装设计对“瘦”近乎变态的追逐下，“瘦”的标准不断提升，社会对美的审视和界定也逐渐发生了改变，“以瘦为美”的审美观更是发展得越来越畸形。

放眼我们的生活，塑身衣、减肥药、经络刮油、拔罐针灸、抽脂等减肥途径层出不穷，屡屡挑战着人们的神经。大街小巷上，随处都能听到女孩们喊着要减肥，将“减肥”视为终身追求和奋斗目标，有种不达到“骨感美”不罢休的态势。即使是那些看上去非常苗条的女孩，也把减肥当成当务之急，有些甚至因为减肥而影响了身心健康。尤其令人震惊的是，在女孩们中还流传着“要么瘦，要么死”“每个胖子都是潜力股”“世上最美的称赞是‘你瘦了’”等“金科玉律”。

是什么导致女孩们对减肥如此热衷?

1. 对自我形象的过度在意

女孩们通常都非常在乎自己的形象，希望展现在别人面前的自己是美丽、大方、优雅的，这种对自我形象的过度追求，导致她们对减肥越来越热衷。

2. 缺乏自信

很多女孩缺乏自信,总担心自己的形体不如他人会受到冷落和排挤,于是产生了偏激地追求形体美的心理和行为。

3. 娱乐圈的错误榜样

榜样的力量是无穷的，作为追星的主流群体，女孩们很容易受到明星的影响。如今，国内娱乐圈充斥着大量的“竹竿明星”，在她们的引导下，女孩们很自然地产生了“瘦才是性感”的错误认知，认为减肥是拥有性感好身材的唯一途径。

4. 媒体宣传的误导

受形形色色的公众媒体和各类广告宣传的影响，很多女孩也陷入了盲目减肥的漩涡之中。

扭曲的审美观，危害着女孩的身体和心灵，有些女孩甚至患上了“减肥强迫症”，在痛苦中挣扎而无法自拔。

养育女孩小贴士

测试：你的女孩是否有减肥强迫症？

1. 半夜醒过来，你信步到厨房，打开冰箱门，这时你脑子里的念头是：

A. 冰箱里有牛奶吗？

B. 晚餐吃的是面条，还是排骨，或者沙拉？

C. 吃剩的蛋糕太诱人了，我最好在上学前吃掉它。

2. 最近一次量体重，发现自己又胖了两公斤，你会：

A. 试着24小时只喝果汁。

B. 继续以前的食谱，只是少吃些。

C. 很失望，为感觉好些，吃些巧克力。

3. 工作繁忙时，你会：

A. 不时地想吃东西，并总是问自己“是不是该吃饭了，晚餐吃些什么”。

B. 你忘记进食而消瘦。

C. 尽量坚持有规律的进食。

4. 工作中发生了一些不愉快的事情，你会：

A. 浸浴以放松自己。

B. 与朋友一起去喜爱的餐厅会感觉好一些。

C. 去健身房锻炼。

5. 在超市里阅读食品包装上的介绍时，你关注的是：

A. 卡路里含量。

B. 脂肪含量。

C. 营养价值。

6. 经期综合征时，你会吃两汤匙冰淇淋，然后：

A. 把剩下的都吃完。

B. 当天不再吃甜食。

C. 放回冰箱。

7. 为了祝贺你最近的提升，你的朋友请你吃西餐，你会：

A. 不点面包，点一些价格比平常贵的菜。

B. 不再管任何禁忌，尽情狂欢。

C. 点鱼或者意大利通心粉，拒绝甜点。

8. 当你还是个孩子时，你经常：

A. 还没有到吃饭时间，你已经吃了很多零食了。

B. 不怎么想吃东西，除非是你最喜欢的食物。

C. 需要经常被鼓励吃完所有的东西。

9. 在任何情况下，当你过分沉溺于食物时，你会：

A. 厌烦、愤怒、伤心或者压力很大。

B. 在家人、朋友的关爱中，开心得不考虑自己吃了些什么。

C. 吃过之后就后悔了。

10. 请你用“是”“否”“视情况而定”回答下面的问题：

A. 无时无刻不在节食。

B. 每次吃油炸食品和面食都会后悔。

C. 每小时总有几次想吃东西。

D. 只吃无脂肪的食品。

E. 吃东西时总是不能细嚼慢咽。

F. 愿意为家人、朋友的和睦关系而做任何事。

G. 每天测量体重。

H. 对体重无所谓。

I. 经常无精打采。

J. 脑子里总有适当的卡路里限度。

得分

计算你的得分：

A B C

1. 1 0 2　　2. 0 1 2

3. 2 0 1　　4. 1 0 2

5. 0 1 2　　6. 2 0 1

7. 1 2 0　　8. 2 1 0

9. 0 2 1

10. “是” “视情况而定” “否”

A. 0 1 2　　B. 0 1 2

C. 2 1 0　　D. 0 1 2

E. 2 1 0　　F. 0 1 2

G. 0 1 2　　H. 2 1 0

I. 2 1 0　　J. 0 1 2

评估

0-12分：重度"减肥强迫症"患者。

13-26分：理智的进食者。

27分以上：食物迷恋者。

健康困境，困住的不只是女孩的身体

健康困境，对女孩的身心带来了巨大的危害：

- 影响女孩的正常发育
- 使女孩患上厌食症
- 使女孩产生心理障碍

各种减肥方式充斥着女孩们的生活，使她们过度减肥，陷入了健康困境。这种健康困境，困住的首先是女孩的身体。

1. 影响女孩的正常发育

对于正处于成长关键时期的女孩而言，如果过度地追求瘦身而采取节食，甚至更极端的减肥方式，她们的正常发育必然会受到影响，比如，身体内分泌失调、雌激素紊乱，甚至月经周期因此被打乱，严重者还会出现卵巢萎缩、更年期提前及不孕等问题。如果女孩在之前就已经存在痛经现象，那么过度减肥很可能加剧这种情况，令其变得更为严重。

2. 使女孩患上厌食症

过度减肥的女孩，由于长期节食，食欲很容易消退甚至丧失，久而久之，可能会患上厌食症，导致营养不良、代谢和内分泌紊乱，严重者还有可能因为极度营养不良出现机体衰竭而危及生命。

微博上的一个热帖就是盲目减肥而危及生命健康的极端案例：

2013 年春天，济南某女孩反复发热、头痛，一开始，她和家人都以为只是得了普通的感冒，不碍事。然而，过了两天，这个女孩突然感觉头痛剧烈，还出现了浑身抽搐的现象，家人急忙把她送进了医院。

经过医生诊断，发现该女孩患上了“重症脑膜炎”，而且因为病毒细菌的侵犯，女孩的智力也受到了损坏。

其实，这个女孩的身体状况一直都不错，很少感冒，不过最近一段时间，女孩总觉得自己胖，于是想通过“挨饿”减肥。过度的挨饿，使得女孩的抵抗力受到了严重影响，加上这次感冒发烧也没有好好重视，结果导致女孩的病情迅速发展，造成了严重的后果，给自己和家人带来了巨大的伤害。

任何一个与身体健康有关的问题，都是不容忽视的大问题。很多女孩因为年幼无知，以为就算减肥使健康受损也无所谓，养养就好了，这是非常错误的。殊不知，量的累积最终必然会引发质的变化。以减肥容易引发的经期问题和厌食症为例，有将近一半以上的乳腺增生病是因为痛经导致的，半数以上的子宫炎症都与痛经密切相关，痛经还会导致习惯性流产、不孕不育等疾病；厌食症所带来的严重的营养不良则会带来机体功能的下降，造成严重贫血、心率慢、易感染，使生命健康受到严重影响。所以，从身体健康的各方因素来衡量，过度减肥都是有害无益的。

3. 使女孩产生心理障碍

健康困境，困住的还有女孩的心灵。过度减肥的女孩很容易产生各种心理障碍。在减肥的过程中，如果付出了巨大的努力而得不到想要的结果，一些女孩往往会因此陷入期待与失望的自我矛盾之中，心里痛苦不堪，严重者甚至患上抑郁症。这些女孩在原本应该尽享欢乐的花样年龄里，作茧自缚，将自己封闭在痛苦的深渊中无法自拔。

健康困境，困住的不只是女孩，还有我们的整个社会。从走秀台上因为减肥过度罹患厌食症而死的模特，到满大街瘦得如同竹竿一样的骨感“美女”，我们可以发现，无论是哪一种审美观，一旦过度膨胀和泛滥，就会影响到整个社会的价值取向，还会滋生出很多社会矛盾。过度追求瘦的审美观，偏离了对女性的正常评价标准。当美貌变成了女性的一种资产，最先受到损害的，是女性的生存质量、心理人格健康，以及未来。

养育女孩小贴士

如何判断女孩是否肥胖

健康女孩的脂肪必须超过体重的22%。可以通过以下常规、简易的计算法来了解女孩是否过于肥胖：

（身高厘米数 -100）×0.9=标准体重（±10%）

02

第二重困境：早熟困境

性无知，给女孩带来性与爱的困惑

是什么导致女孩在性方面如此无知?

- “我的女儿还小，不懂这些事，我没必要告诉她”
- “我的女儿很单纯，怎么可能对这些事感兴趣”
- “我觉得女儿能自然走过来，因为我们自己也是这样”
- “我的女儿生活环境很单纯，没必要让她知道这些”
- “学校有性教育课，我就不和孩子谈了，太难启齿”
- “让孩子了解这些事，孩子万一模仿怎么办”

“我是谁？我从哪里来？我要到哪里去？”这三个问题，不仅是人类有史以来一直在努力探寻却始终找不到答案的哲学命题，在现实生活中，也同样让许多人困惑不已。

中央电视台曾经对 7–15 岁的未成年人进行过一次关于“我从哪里来”的调查。其中，有 85% 的孩子回答“爸爸妈妈从垃圾堆里捡来的”“地底下钻出来的”“上厕所捡到的”“胳肢窝里掉出来的”，等等。答案可谓稀奇古怪、五花八门。

在新浪微博上，一项有两万多人参与的投票显示，近70%的人被父母告知是“捡来的”，只有不到16%的人被告知是“从妈妈肚子里来的”。

一个原本非常简单的生命起源问题，家长们却不愿意或不知道该如何告诉孩子答案。这一个个看起来非常可笑的回答，折射的是中国性教育缺失的现状。正因为家长、老师总是以含糊、逃避，甚至是编造的方式来回答孩子的这个问题，才导致大多数人的人生中，缺少了最为宝贵的一课。

而受影响最大的，莫过于我们的女孩。因为从来没有得到过正确的性教育，很多女孩对性一无所知，由此产生了许多性与爱的困惑，有的甚至过早地品尝了“禁果”，使性行为成了提前开放的“恶之花”。

有一位心理专家曾经分享过这样一个案例：

一天，一位妈妈带着女儿来到心理专家的诊室，向她求助。这位妈妈的女儿只有14岁，正在读高中，一直以来，她都是品学兼优的好学生，非常上进。然而，这几天，妈妈震惊地发现，女儿竟然怀孕了！

这位妈妈先是暴跳如雷，紧接着开始盘问女儿到底是怎么回事。起初，女儿咬紧牙关，什么也不肯说。后来，在妈妈的再三逼问下，女儿才说出了事情的原委：原来，女儿和班上的一位男同学谈起了恋爱，到现在已经有半年了。有一次，她的同学嘲笑她，说她谈恋爱这么长时间了，竟然一直没有怀孕，是不是没有生育能力？女儿听了之后生气不已，为了证明自己，她于是想办法怀上了孕。

这位妈妈听了之后，既生气又难过，无奈之下，只好向心理专家求助。当心理专家告诉她的女儿流产的种种危险和对身体的伤害时，那位女孩沉默了，说之前从来都没有人告诉她这些。那位妈妈也沉默了，后悔没有早一点对女儿进行性教育。

家长们羞于对孩子普及性教育，导致孩子不懂得保护自己。等孩子做出伤害自己身体的事时，后悔也已经无济于事了。

那么，是什么导致女孩在性方面如此无知？究其原因，主要是因为家长们对性教育存在着很多误区。

1.“我的女儿还小，不懂这些事，我没必要告诉她”

其实在孩子小的时候，正是父母对其进行性教育的好时机。如果这时家长告诉孩子一些正确的性知识，就能有效地避免孩子盲目地寻找一些负面的、只会带来诸多害处的性信息。即便孩子通过某些途径了解到了负面的性信息，她们也能进行辨别，避免受到误导。

2.“我的女儿很单纯，怎么可能对这些事感兴趣”

随着年龄的增长，尤其是青春期的到来，女孩对性产生好奇和兴趣非常正常。家长们将这种好奇视为“不纯洁”，是一种扭曲的认知。

3.“我觉得女儿能自然走过来，因为我也是这样”

很多家长都认为性是人的本能，可以无师自通，从而忽略了对孩子进行性方面的教育。其实，这是逃避责任的表现。家长如果不对孩子进行正确的教育，很可能导致孩子接收到一些错误的引导，到时家长们只能亡羊补牢，悔之晚矣。

4.“我的女儿生活环境很单纯，没必要让她知道这些”

我们生活在一个资讯非常发达的时代，让孩子绝对不接触性信息这很难做到，因此家长应该主动提供正确的引导。

5.“学校有性教育课，我就不和孩子谈了，太难启齿”

最好的性教育方式是机会教育，当孩子产生对性的困惑时，家长进行教育是最好的，而这样的机会往往发生在家里，要靠家长的细心观察。家长如果只想着把性教育推给学校，其实是在推卸责任，况且，现在学校的性教育也是十分匮乏的。

6.“让孩子了解这些事，孩子万一模仿怎么办”

越是神秘的事，越是容易诱发孩子的好奇。如果家长能够主动揭开蒙在性上的神秘的面纱，反而能淡化孩子对性的好奇，避免孩子的盲目尝试。

养育女孩小贴士

家长应如何对女孩进行性教育?

1. 对孩子的性提问不应该逃避或讳莫如深，这样只会加重孩子的困惑，甚至还有可能使这种好奇心演变成为一种心理阴影，为孩子以后的成长设置障碍。

2. 多学习一些性科学知识。虽然家长不可能成为这方面的专家，但尽可能多掌握一些知识是非常重要的，这样才能更好地对孩子进行引导。

3. 不必过度担心尺度问题。孩子的智力发展是循序渐进的，她们提出的问题也通常是符合其年龄段的，所以只要根据问题来进行回答就可以。

4. 提前对孩子进行示警，避免孩子过早地发生性行为，教孩子学会洁身自好。

早熟困境，让女孩处于危机之中

性困境，使女孩受到巨大的伤害：

- 女孩易缺乏性保护意识和性犯罪防御意识，给人可乘之机
- 性问题得不到及时解答，使女孩陷入性困惑之中
- 家庭性教育的缺失，增加了女孩接触不良性信息的概率
- 导致女孩容易产生错误观念，甚至发生“性罪错”

身陷性困境，会使女孩受到巨大的伤害，我们可以来看看这些触目惊心的数据：

在 2013 年 9 月举行的“探索中国青少年性健康教育正确方向”国际研讨会上，中国人口宣教中心主任张汉湘指出，中国每年大约有 2200 万青少年进入性成熟期，在 18–24 岁的青少年中，有 48% 的人曾经进行过性行为；在有婚前性行为的女性青少年中，超过 20% 的人曾经意外怀孕，大多数女孩都选择了流产。

著名性学家李银河曾经做过的一项调查也显示：在中国，婚前性行为比例从 1989 年的 15%，迅速上升到了 2012 年的 71.4%。同样的变化，如果发生在其他国家，通常需要一两百年。

除此之外，受到性侵犯的女孩也变得越来越多。因为缺乏足够的性知识、性安全和自我保护意识，这些年来，女童遭受性侵害的案件与日俱增。广东省检察机关公布的数据显示，从2008年到2011年6月，广东共发生1708件女童被性侵案，占女童受害总案件数的75.34%，被害人中年龄在14岁以下的女孩占了一半。很多女孩是在无知中遭受侵犯的，有些女孩甚至连哪些是隐私部位都不清楚。北京一项针对453名小学四、五年级学生的调查显示，只有24人能正确地选出全部隐私部位，包括胸部、排尿部位、臀部、生殖器官。

具体来说，家长不及时对女孩进行性教育，会引发以下后果。

1. 女孩易缺乏性保护意识和性犯罪防御意识，给人可乘之机

2013年，中国性学会常委、广东省性学会副会长、知名性心理学家、市计划生育服务中心主任陶林与深圳某重点小学三年级的男女学生在轻松、好玩的氛围中进行了一次“聊天”。他问孩子们：“在生活中，你们认为什么是危险、可怕的事情？”

孩子们听了以后，争先恐后地举起了小手，大声回答说：“火灾！”“水灾！”“车祸！”“抢劫！”“绑架！”后来，有一个小女孩讲了一件她认为很危险的事情：在她家附近有一个小文具店，她和同学们经常去那里买文具，那儿的老板是一个“伯伯”，有一天，她看到“伯伯”带了两个女生去了后面山上的小树林，结果被其中一个女生的妈妈看到了，把她俩都领回来了。

陶林听完，接着问道：“那么，你们认为这件事到底有什么危险性呢？”

孩子们又喊道："绑架她们，要钱！""杀掉她们卖器官！""拐走卖掉！""可能会打她们！"

陶林感到很惊讶，因为在参加调查的二十多个孩子里，竟然没有一个孩子想到这种危险中也存在着性骚扰、性侵犯，甚至是强奸。在与他们的交流中，陶林感到他们对防火、防盗及遭遇火灾、车祸等危险情况更加了解，说出的预防措施和逃生方法也非常专业，一看就知道学校和家长下了很多功夫，然而，唯独对性犯罪，这些孩子却没有任何防范意识。

对性一无所知，缺乏性保护意识，使得女孩们根本难以识别性侵犯，更何谈自我保护？这在客观上给了居心不良者可乘之机，让女孩陷入了潜在的危险之中。

2. 性问题得不到及时解答，使女孩陷入性困惑之中

女孩在性方面产生了问题，却不知道该向谁求助，于是只好把困惑闷在心里。长时间的压抑，不但会影响她们的身心健康，也会影响到她们的学习和生活。

小雪今年13岁，是一名中学生。正处于青春期的她，因为好奇，与自己的同班同学王亮谈起了恋爱。然而，对爱情懵懵懂懂的两个孩子都不知道谈恋爱应该是什么样的，两性之间的知识知道得更是少之又少。

有一天，王亮送小雪回家，在路上情不自禁地吻了小雪。但接吻之后，两人都后怕起来，小雪非常惊慌地问王亮："我这样会不会怀孕？"王亮想了半天，说道："应该不会吧，我也不太清楚。"

从那之后，小雪总是担心自己会怀孕，整天心事重重。身体稍有不舒服，她就会以为自己怀孕了。背着这么沉重的思想包袱，她的生活一下子变得晦暗起来，学习也受到了影响，成绩一落千丈。

如果小雪的家长能较好地与孩子沟通，告诉她一些生理卫生知识，那么小雪就不会整天忧心忡忡，更不会因此而影响学习、生活了。

3. 家庭性教育的缺失，增加了女孩接触不良性信息的概率

女孩在性方面产生了困惑和疑问，如果从父母、老师那里都得不到答案，她们就会“越不知道越想知道”，好奇心增强，从而四处寻找解决问题的渠道。以前，孩子们可能会通过黄色书刊来获取这些信息，现在，发达的互联网为孩子们提供了更大的便利，然而，孩子们在网上能找到、看到的，更多的是一些无处不在的成人性信息。这些不良性信息对孩子们来说，有百害而无一利，很多孩子因此而沉迷其中无法自拔。

4. 导致女孩容易产生错误观念，甚至发生“性罪错”

现在的女孩在平时接触到的书刊、影视、游戏等媒介中，与性有关的内容越来越多，在这类信息的不断刺激下，女孩的内分泌大大超过正常水平，身体发育呈现出早熟的状态。因为性意识的萌芽过早出现，再加上性教育的缺失，既缺乏正确的性知识又缺乏足够辨别能力的女孩很容易产生错误观念，导致“早恋”“性早熟”“性罪错”的情况发生。

“性罪错”，指的是处于性成熟期的青少年，由于性知识的匮乏或对性行为的社会意义不太了解，为满足自身生理的需要而实施的有关性方面的错误行为。因为“性解放”“性自由”“享乐主义”等消极思想和黄色录像或黄色书刊而导致“性罪错”的，在青少年犯罪中占有相当大的比例。所以，家长们一定要充分重视对女孩的性教育，帮助女孩走出性困境。

在性教育中，性知识是必知而又相对次要的。因为青春期性健康方面的知识，如果归纳在一起，孩子们最多有一个小时就可以学完并掌握。而性观念和性道德方面的培养却是一个非常漫长的过程。对于家长来说，应该在日常生活中不断地对孩子进行性观念的渗透，对她们进行伦理、道德、责任等各个方面的教育。简单一点来说，就是要让孩子知道哪些不能做、哪些不应该做，以及为什么不能做，通过不断地渗透，增强他们的免疫力，使他们对性方面有正确的心态和观念，以此培植孩子的人生观、价值观和人格修养。

养育女孩小贴士

对女孩进行性教育的5条规则

1. 永远不要正式“谈性”。郑重其事地谈性，只会让孩子感到害羞而不愿意多说。父母们应该找机会多谈谈跟性有关的问题。实施“机会教育”，关键在于一针见血，而不是长篇大论。

2. 实施性教育的不一定是妈妈。性教育不只是与孩子同一性别的父母的责任，对于孩子所产生的性的疑惑，父母双方都可以谈，让孩子同时在父爱和母爱中摄取双亲气质中的良好方面，对孩子的健康成长有着深远的影响。

3. 性和爱的教育首先应该强调的是“能做什么”。不要总是对孩子说“不要做什么”，相反，要多强调“能做什么”，这反而会使孩子产生兴趣。

4. 性和爱的教育不是一生只有一次的教育。期望进行一次性教育就能让孩子在这方面了解透彻，是一种奢望。就像一再要孩子自己整理房间，并不能使孩子的房间永远保持整洁一样。

5. 正确地回答儿童提出的有关性问题。

03

第三重困境：心理困境

心理脆弱，难以承受挫折

是什么让女孩变得越来越脆弱：

- 优越的家庭环境造就了女孩以自我为中心的性格
- 家长的纵容娇惯磨灭了女孩的坚强意志
- 过重的学习负担给女孩带来沉重的压力

近些年来，低幼年龄女孩自杀的现象层出不穷：

2015 年 3 月 30 日，浙江省某小学一名读小学四年级的 11 岁小女孩因为没有按时完成作业，被老师通知家长从学校领回家，小女孩一时想不开，从 7 楼跳了下去，因为受伤比较严重，在送往医院的途中就没了呼吸和心跳。

2016 年 1 月 8 日，济南市历下区某学校二年级学生小葛被发现偷拿了老师的一件贵重物品，而就在几天前，她还从一位同学的书包里拿了一件东西。于是，老师叫来了家长，当天下午小葛被家长带回了家。然而，回家后不久，小葛就从 8 楼的窗户跳下，结束了自己的生命。

2016年2月29日深夜，家住合肥市怀宁路附近的四年级小学生梅梅在纸上写下一封遗书，然后纵身从10楼跳下。当巡逻保安发现她时，梅梅已经身亡。民警赶到现场，人们在梅梅的房间里找到了她留在纸上的遗言，上面只有一句话："送行时，请给我送束花！"

什么夺去了这些原本应该无忧无虑生活的女孩们的生命？在这些令人震惊又痛惜的新闻背后，隐藏的是很多女孩所面临的共同困境——心理脆弱，无法承受挫折。

北京大学儿童青少年卫生研究所最新公布的《中学生自杀现象调查分析报告》显示：中学生5个人中就有一个人曾经考虑过自杀，占样本总数的20.4%，而为自杀做过计划的占6.5%。其根源都与心理脆弱有关。

现在，很多女孩变成了"蛋壳娃娃"——只愿意听家长、老师的赞美之词，听不得半点反对意见；只愿意接受成功，享受顺境，不敢面对挫折与失败，只要一遇到什么不顺心的事情，就会做出极端的反应，甚至不惜放弃自己的生命。她们眼高手低，外表高傲，内心脆弱，敏感多疑……

冰冻三尺，非一日之寒。女孩们所产生的"蛋壳心理"，不是一两天形成的，而是多年的错误教育造成的，其中，不当的家庭教育是最根本的原因。很多家长将孩子视为"掌上明珠"，捧在手心怕摔着，含在嘴里怕化了，不愿意让孩子吃一点苦。因此，家长们总是千方百计为孩子设计美好的明天，给孩子无微不至的关怀，对孩子百依百顺，在很多事情上都小心翼翼，孩子能做的事不让做，孩子能参加的活动不让参加，对孩子一味夸赞、鼓励，不舍得批评和管教……过分娇纵、百般溺爱使得原本就不够坚强的女孩变得越来越脆弱。

具体来说，导致女孩心理脆弱的原因有以下几点。

1. 优越的家庭环境造就了女孩以自我为中心的性格

随着社会的发展和经济的日益发达，人们的生活变得越来越优越，很多女孩从小就生活在有求必应的环境中，养成了养尊处优、凡事以自我为中心，轻而易举、顺手拈来的侥幸思想。她们一旦在某件事情上得不到满足，就会感到非常失落且无法忍受，进而做出异常的举动。

2. 家长的纵容娇惯磨灭了女孩的坚强意志

我们经常会看到这样的场景：孩子在蹒跚学步时，不小心摔倒在地上，妈妈赶紧跑上前去扶起孩子，心疼地又哄又揉，安慰半天。家长的娇惯使孩子根本不知道什么是苦、累，什么是挫折，当她再遇到困难时，不是勇敢地面对、积极地想办法解决，而是下意识地等待别人的安慰和帮助。在等待的过程中，她越来越失去面对困境的勇气，心理也越来越脆弱。

3. 过重的学习负担给女孩带来沉重的压力

很多家长在生活上无限迁就、溺爱孩子，而在智力尤其是学习方面却非常较真，总是一厢情愿地为孩子选择大量的家教和名目繁多的兴趣班。一旦孩子达不到应有的效果，家长动辄训斥，甚至打骂。来自学习的沉重压力，也是女孩变得越来越脆弱的一个原因。

养育女孩小贴士

“蛋壳心理”测验

帮助女孩做好直面社会和独立人生的准备，是家长们必须承担的一项责任。这种准备不只是知识的准备，还有身体、心理的准备，让女孩从小懂得如何遵守社会规范、如何自我调控。

下面所设计的10道题目用来测验女孩的“蛋壳心理”状况，请家长们对照实际生活情景填写（在对应的词语上打“√”），填完后按照题后的提示计分。

1. 如果孩子乱丢垃圾、弄脏刚穿的衣服等，你是否会批评她？

极少　　有时　　经常

2. 孩子因要求被拒绝或者被批评后，是否会哭泣较长时间？

极少　　有时　　经常

3. 玩智力游戏失败后，孩子是否不愿意重新玩下去？

极少　　有时　　经常

4. 聚会时，如果其他小朋友表现得更出众，孩子是否会感觉有些不舒服？

极少　　有时　　经常

5. 孩子不愿意做某件事情时，是否难以说服她改变做法？

极少　　有时　　经常

6. 要求孩子重新说一遍她刚说过的话时，孩子是否不愿意？

极少　　有时　　经常

7. 你是否明显感觉到孩子在家里表现得更活跃、更外向？

极少　　　　　　有时　　　　　　经常

8. 孩子是否不愿意去上学？

极少　　　　　　有时　　　　　　经常

9. 当孩子知道自己做错时，是否不愿意承认错误？

极少　　　　　　有时　　　　　　经常

10. 在家庭教育之中，你是否能做到恰如其分地表扬或者批评？

极少　　　　　　有时　　　　　　经常

计分方法与结果评价

第一步：1–9题，选择“极少”得1分，选择“有时”得2分，选择“经常”得3分；第10题，选择“极少”得3分，选择“有时”得2分，选择“经常”得1分。

第二步：将各题得分相加，得到总得分。

第三步：总分在18分以上，孩子有较强的“蛋壳心理”，抵御挫折的心理素质较弱，需要有针对性地加强此项教育；总分在10分以下，孩子有较好的抵御挫折的心理素质，对负性环境有较强的适应能力；总分在11–17分，孩子的心理素质介于上述评价之间。

心理困境，给女孩带来无法承受之重

女孩常见的心理问题：

- 厌学
- 人际交往障碍
- 考试焦虑症
- 体象烦恼
- 强迫症
- 抑郁症

心理脆弱、无法承受挫折，使女孩们陷入了心理困境之中。当生活中出现了“拦路虎”时，她们往往无法做到很好地面对和处理，因此，很多女孩出现了心理问题。

1. 厌学

林曦是一名初三学生，小学时学习成绩优异，一直担任班里的学习委员。升入初中后，林曦觉得有些吃力，学习成绩开始下滑。初二第一学期，老师发现林曦上课总是走神，每到考试，林曦都会以肚子疼、头晕、恶心为借口，想方设法逃避考试。林曦的母亲为此和女儿多次沟通，仍然不起作用。

对正处于求学阶段的女孩来说，学习成绩的好坏将直接影响到她们今后的升学和前途，这让女孩们产生了巨大的心理压力，有些女孩因此产生了厌学心理。所以，作为家长，如果发现自己的孩子一时学习跟不上，一定要放松心态，不要给孩子过多的压力。

2. 考试焦虑症

王瑜从小就是个成绩优异的好学生，然而，进入初三后，她的成绩却一降再降。王瑜一心想考重点高中，所以她一直都在自我加压的情绪下紧张学习，可是这并没有什么效果。总复习开始后，她每次拿到试卷，脑子里就一片空白，数理化公式忘得精光，以前会做的题目现在也不会做了。这种情况让她越来越恐慌，有时甚至觉得没脸面对父母，不如死了算了。

所谓“考试焦虑”，是指在考试时产生生理或心理上的紧张。生理上的紧张包括心跳加速、呼吸急促、头脑一片混乱或空白等，而心理上的紧张则大多以担心的形态呈现，比如担心考试时自己有一大堆题目不会写、担心考坏了被父母责骂等。考试焦虑在重视学习的女孩们中并不少见，只是程度因人而异。这时，家长的耐心鼓励是非常重要的。家长应该先接纳孩子的紧张焦虑，听孩子讲一讲她的担心与不安，让她逐渐放松自己，改善考试焦虑的情形。

3. 强迫症

自从进入高中之后，李晓雨感觉学习比以前上初中时更加紧张了，尽管如此，李晓雨回到家的第一件事，却是将家里所有的东西进行整理、归类。做完了这些事后，才能集中精力做作业。有时放好的东西又会再拿出来重新放。这样的事总要重复几次，最终必须做到全部让自己认可，才终止这一行为。这花费了李晓雨许多宝贵的时间，为此她感到很烦恼，但她自己也控制不住自己。

强迫症是一种精神疾病，患有这种心理问题的女孩，通常会通过做一些仪式化的行为来化解内心的焦虑，虽然她们也知道这样的行为是病态的，很想摆脱，但又摆脱不了，因而非常苦恼。

通常来说，强迫症的背后都有一个潜在的原因，比如家长过分追求完美，对孩子要求苛刻等。如果家长发现自己的孩子经常发呆、做功课特别慢、咬指甲、耸肩膀等，就要引起注意，这很有可能是一种强迫性的行为，这时家长要多观察孩子，了解一下孩子这么做的原因，并及早带孩子去看医生。

4. 人际交往障碍

刘欣欣今年 11 岁，长得矮矮胖胖，而且眼睛很小。班上的同学都笑话她，还给她起了很多难听的外号，比如，“水桶妞”“大脸猫”，等等。因为经常被同学取笑，刘欣欣变得非常自卑，不愿意参加班里的集体活动，不喜欢跟同学们一起玩，甚至不愿意去学校上课，整天琢磨着怎么减肥，让自己瘦下来，成绩直线下降。有一次，刘欣欣在体育课上因为接力跑成绩不好，拖了小组的后腿，一位同学当着全班同学的面指责她，并嘲笑她学习成绩差，体育成绩也是全班最差……自尊心受到伤害的刘欣欣，冲上去推搡那位同学并动手打伤了她。

对心智发展尚不健全的女孩来说，带有嘲笑性质甚至是侮辱性质的绰号很可能会带给她们成长过程中难以忘怀的伤痛。尤其是在长相、身体、装扮、行为、家庭状况等方面有缺陷和弱点的女孩，嘲笑往往会成为她们所经历的最早的伤害，甚至会影响其性格。

5. 体象烦恼

王颖今年 13 岁，是班上的学习委员，身材矮小，长得也很普通。情窦初开的年纪，她喜欢上了班上的一位男孩。鼓足勇气表白之后，没想到那位男孩却鄙视地看了她一眼，说："你长得太难看了。"

"我是不是真的很难看？"王颖不停地问自己，当天回去就照镜子，镜子里的她小眼睛、塌鼻子，越看越难看，于是她越来越自卑。她想"改头换面"，且不知道该怎么办，从那后，她常常失眠，并且开始在意别人对她的评价，甚至不敢去人多的地方，成绩一落千丈。

体象烦恼是一种性心理障碍，通常发生于青春期。此时面对性别差异的突然出现，青少年往往缺乏足够的心理准备。随着生理的变化，女孩们渐渐开始注意自己的形象，还会不由自主地与他人进行比较，一旦出现较大的差距，就会产生体象烦恼，担心自己长得不够好看、形体不够优美，其中不少女孩甚至因容貌或生理上的缺陷产生严重的精神负担。

因此，家长们如果发现自己的孩子出现体象烦恼时，应该及时开导孩子，让她们明白，没有人在体象上十全十美，俊男美女也有不足，气质才是最重要的，要学会欣赏自己的才华。

6. 抑郁症

小李正读高二，是一所中学的特困生。有一天她惊慌失措地找到班主任说："我完了。一个多月了，我晚上几乎通宵失眠，白天神思恍惚，还经常呕吐。"说着懊丧地抬手扶了扶眼镜，右手腕上一道伤疤赫然在目，这是她不久前试图割脉自杀留下的痕迹。

抑郁症是一种以情绪异常低落为主要临床表现的精神疾病，其主要特征是：无趣、无力、无望、无能、无助。症状包括：极度忧伤、绝望、疲劳、身体疾病。患有抑郁症的人，其情绪低落的程度和性质都远超正常变异的界限，不同于日常生活中的各种烦恼那样容易逐渐地"云消雾散”。为了避免心理问题导致情绪低落，家长们可以引导女孩把自己的生活和学习安排得充实一些，同时多参加一些娱乐活动，使心情舒畅起来。

2012 年 1 月开始，北京师范大学心理学院教授许燕带领团队开展了一项有关我国儿童青少年心理健康发展的课题。课题研究对象分两部分，一部分是北京市 21 所幼儿园、中小学的学生 7303 人，另一部分是其中 19 所学校的教师和 18 所学校的家长共 6073 人。

研究发现，青少年心理健康问题的“多发期”是初一、初二和高一。其中，初一、高一是青少年的两个心理适应期。这两个阶段分别是小学阶段和初中阶段、初中阶段和高中阶段间的“衔接点”，青少年要适应新的学习活动、人格与情绪等方面的变化，这时容易产生心理问题。在初二，多数青少年正经历青春期，这个时候，大多数学生心理变化较为剧烈，也是心理健康教育的关键时期。针对中小学生压力的主要来源，课题组调查发现，负性事件发生率排在首位的就是“被人误会或错怪”，此后依次是“与同学或好友发生矛盾或打架”“考试成绩差或学习跟不上”。

对女孩来说，如果在这几个重要的适应期出现心理问题，并且得不到及时的解决，就可能影响今后的一系列发展，本应无忧的年纪，也会从此蒙上阴影。

其实，在人生的旅程中，每个人或多或少都会遭遇挫折。如果女孩在家中没有经历挫折的“洗礼”，没有做好应对挫折的思想准备，就会变成“温室里的花朵”，一旦遇到风吹雨打，很容易“枯萎凋谢”，产生逃避现实、放弃生命的想法。

所以，家长们与其为女孩安排好一切，不如教会女孩面对一切，这才是真正的爱。家长们不妨在女孩的成长道路上“制造”一点挫折，让女孩学会在逆境中保持自信，学会在挫折面前保持乐观，培养女孩抗挫折能力、受挫折后的恢复能力，以及不向挫折低头的精神。另外，家长们也要学会说“不”，要让女孩知道，并不是所有的要求都能得到满足，让她们学会接受拒绝，增强自我约束能力。

明代吕近溪曾经写过一首《小儿语》说：“儿小任性娇惯，大来负了亲心。费尽千辛万苦，分明养个仇人。”这首诗或许可以给那些不懂爱子之道、教子之方的家长一些启示。

养育女孩小贴士

不健康家庭VS学习型家庭

根据父母对自身和孩子评价的态度，我们可以把家庭分为不健康家庭和学习型家庭两种。学习型家庭的特征是“我行，你也行”，父母与孩子共同学习，共同进步。

不健康家庭可以分为3种类型：

1.“我行，你不行”。这类父母认为，家长至高无上，孩子必须服从家长，因此在生活上对孩子过度保护，在学习上又过分干预。

2.“我不行，你行”。这类父母把希望完全寄托在孩子身上，对自己要求很低，对孩子却要求很高。

3.“我不行，你也不行”。这类父母对自己没有要求，对孩子也失去信心。

这3种类型的父母，对孩子和对自己双重标准，不了解孩子，也不与孩子沟通，注定会带给孩子过多的压力。

04

第四重困境：就业困境

性别歧视，导致女孩就业难

女孩在就业过程的性别歧视现状：

- 就业机会不平等
- 可选职业的狭窄
- 福利待遇不均等
- 隐性歧视多
- 就业门槛多、条件高

在遥远的古代，女性曾经扮演着主宰者的角色。母系社会里，女性掌握着部落与氏族的生产与消费，决定着部落未来新生命的希望，是当时社会真正的掌权者。然而，随着生产水平逐渐提高，男性以其在生理尤其是力量方面的优势，渐渐成了生产力水平提高的主要动力，取而代之成为新世界、新时代的主导。

在最近的几百年，民主和平等的思想越来越流行，各个国家都开始重视起女性地位的提升，各政府部门也纷纷出台各种政策，提高女性在各个方面的地位。

然而，尽管如此，女性在就业方面依然受到与男性相对不平等的待遇，尤其是女大学生在就业初期和就业中仍然会受到性别歧视。

人力资源公司任仕达曾对高校就业进行过一次专题调查。调差发现，男生就业率为 83.0%，女生就业率为 79.5%。大部分学生投入找工作的时间为正常学习时间的 30% ~ 70%，其中女生高于男生 8.6 个百分点，但男生就业率明显高于女生。此外，工资水平上，在控制其他影响因素作用的前提下，签约单位对男生拟付的工资水平高出女生 11%。

这些数字和事实全都指向了同一个问题：大学生就业过程中性别不平等的现象是根深蒂固的，劳动力市场不但未能向女大学生提供与男大学生同等数量的就业机会，而且在“岗位层次”和“工资待遇”上也存在着非常大的差距。

如今，女孩在就业过程中所遭受的性别歧视的现状，可以归结为以下几点。

1. 就业机会不平等

大学毕业后，很多女孩选择了直接就业，然而，在求职的过程中，她们却发现自己要面临着比男孩更为苛刻的就业条件。2015 年，中国人民大学国家发展与战略研究院在发布的研究报告中就指出，在使用相同简历的情况下，男性大学生接到面试通知的次数比女性高 42%。北京大学法学院妇女法律研究与服务中心的调查也显示，在被调查的女性当中，有 23.6% 的被调查者在应聘过程中有过因为自己是女生而被拒绝的经历；有 16% 的被调查者有过自己成绩明显优于男生却被拒绝录用的经历。

2. 福利待遇不均等

女孩所遭受的性别歧视，还体现在福利待遇上。在工作中，女性的福利待遇明显低于男性，两性的就业待遇存在着很大的差异。在女性就业人数较多的财务和服务行业中，男性的工资通常都高于女性，就连一些明显无体力差异的工作，如行政部门，女性工资也大多低于男性。北京大学教育学院教育经济研究所2016年1月发布的《2015年高校毕业生就业状况调查》，也对2015年高校毕业生的就业状况进行了统计和分析。结果显示，就2015年高校毕业生月起薪而言，男性比女性平均高出553元。

3. 就业门槛多、条件高

有调查显示，很多女孩在求职时曾经被迫签订禁婚、禁孕的条款，这些人为设置的门槛，成了女孩就业过程中的巨大阻力，有一些单位甚至不愿意招聘育龄尚未生育的妇女。

2014年11月，北京交通大学土木建筑工程学院硕士小陆参加了在北京建筑工程大学举行的双选会，有家房地产公司正在招聘技术员，然而这家公司的招聘经理却明确地告诉小陆，该岗位不招女生。

小陆感到非常不解，根据她的了解，技术岗位通常与设计院、施工方打交道，男女生都可以胜任，而自己拥有丰富的实习经历，又熟悉技术岗位，是非常适合该岗位的招聘要求的。

不过，这样的遭遇她已经习惯了。小陆曾经还参加了在北京师范大学举行的双选会，之后她与班里两位男同学都收到了某单位的笔试通知，并一起通过笔试，面试时有三分钟即兴演讲，在同组的10位面试者中，无论从自信程度、语言表达，还是组织能力、逻辑思维，小陆都表现得十分优秀，然而，结果却让她很失望：表现不好的两位男同学被录取，自己则被拒绝了。

4. 可选职业的狭窄

在就业方面，男性几乎可以任意选择职业，而女孩可选的范围却狭窄很多。目前，我国女大学生的就业机会相对大于男生的行业主要集中在第三产业，这给女大学生就业选择和岗位竞争带来了很大的难度。而在技术密集型行业，女大学生就业明显趋于弱势，所占比例更是明显偏低。

5. 隐性歧视多

与招聘公告中赤裸裸地写明“只限男生”相比，女孩所遭遇的“隐性歧视”表现得更为灵活多变。比如，“拒收或不看女性简历”“不给女性笔试、面试机会”“不给女性复试机会”或“提高对女性的学历要求”等。而且，相对于男孩，女孩在未来职业的升迁等方面存在很大的局限性。当他们在职场上做出同等表现时，获得提升的通常是男孩。同时，很多就业单位在工作场所等地的一些设施方面也存在诸多对女性不公平的地方。

由此可见，女孩在职场上所遭受的性别歧视仍非常严重，贯穿于求职、就业、晋升等各个环节。这种就业的性别限制，导致女孩就业难，严重影响了女孩的发展与未来。

养育女孩小贴士

女孩在就业时遭遇性别歧视的原因

1. “男强女弱”的社会传统观念不利于女孩发挥自己的潜力。

2. 女孩的生理特征使用人单位增加了经济成本。

3. 女孩的自信心不足，在就业时表现出了较强的依赖性。

4. 政策、法律的不健全使女孩就业在事实上处于不利地位。

就业困境，让女孩在职场步步维艰

女性的就业困境主要体现在：

- 收入低于男性
- 能力容易受到轻视
- 难以获得晋升
- 对女性的不正当要求往往比男性更多

世界五百强企业的高层管理者之中，只有不到 5% 是女性。创业公司的创始人中，只有 6% 是女性。大学里，女教授的数量远远低于男教授，比例只占大约 20%。

这些数据揭示了同一个事实：在如今这个时代，无论人们怎样强调男女平等，在各种各样的经济、学术、政治组织中，大多数的高级职位依然与女性是无缘的。

实际上，女性不仅是在管理层会遭遇“天花板”，即使是在一些普通职位上，也依然步步维艰。

1. 收入低于男性

在职场上，女性的收入通常比男性要低。即使是同一个职位、同等能力的两个人，因为性别的不同，也会存在着收入的差异。这种现象的出现，一方面是源自社会普遍观念的影响和用人单位对女性的歧视，另一方面也是由女性对自身的认知造成的。女性尤其是女孩往往会低估自己的能力，因此，她们能接受比男同事低得多的报酬，这导致她们的收入低于自己的潜能。

2. 能力容易受到轻视

在职场中，人们往往会轻视、怀疑女性的能力，甚至很多人会武断地下这样一个结论：女性的工作能力不如男性。这导致女性得不到充分的机会发挥自己的能力，在职场上备受压抑。

3. 难以获得晋升

虽然现在看一个人是否能获得晋升，主要的评判标准是工作能力和业绩，但实际上，很多时候，女性在职场更难得到晋升。还有一些女性，虽然因为工作能力强而晋升很快，但由于外貌出众等原因，往往会引起其他人的猜疑、嫉妒。

4. 对女性的不正当要求往往比男性更多

在就业中，以女性的不平等就业环境为基础，还产生了对女性年龄、学历、身高、相貌等诸多要求，而这些要求多数与她们的工作没有什么关系，并不是工作岗位所必需的。而且，由于受到的限制比较多，女性通常更多进入了低层次的职业，而正是这些技能要求不高的岗位，往往对年龄、外形的要求更多。

虽然女性不断地用实力证明自己也能顶“半边天”，但是始终无法摆脱就业困境，在职场上更是一路遭遇困难和挫折，事业难以得到长远的发展。所以，作为家长，一定要从小重视起对女孩的培养，提高她们的自身素质，使她们掌握更多的知识和技能，帮助她们提高自身的竞争力，使她们未来能够在职场上走得更顺利一些。

养育女孩小贴士

家长应该帮女孩培养的8种能力：

1. 解决问题时的逆向思维能力。

2. 考虑问题时的换位思考能力。

3. 强于他人的总结能力。

4. 信息收集能力。

5. 目标调整能力。

6. 超强的自我安慰能力。

7. 沟通能力。

8. 适应环境能力。

Part 2

养育女孩，请先走进女孩的世界

认识女孩独有的生理结构

X 染色体为女孩画出成长蓝图

X 染色体使女孩更敏感，更容易受到负面的影响：

- 委曲求全，容易妥协
- 渴望他人的保护，把自己当成弱者

从受精卵产生的那一刻开始，孩子的性别就已经确定了。在人的身体里面，每个细胞都有 23 对染色体，其中包含 22 对常染色体和 1 对性染色体。性染色体可以分为两种：X 染色体和 Y 染色体。男孩与女孩的常染色体都是一样的，而性染色体却大不一样。男孩的性染色体是由 X 染色体和 Y 染色体组成的，而女孩的性染色体则是由 X 染色体和 X 染色体组成。

X 染色体不但决定了女孩的性别，而且还为女孩画出了她们的生长曲线，决定了她们一生的成长轨迹。也正是因为 X 染色体的存在，女孩与男孩才会大不相同。正如一位小学老师对女孩的描述一样：

她们通常不会调皮捣蛋，相比爱到操场上撒欢、打闹的小男孩，在课间的时候，她们更愿意安安静静地坐在教室里看看书或聊聊天。

上课时，她们很遵守纪律，很少交头接耳，也不会故意捣乱。她们总是认真听老师讲课，积极举手发言。

女孩们总是能在预定的时间里完成自己的家庭作业，不让老师操心。

她们喜欢成群结队，做课间操时总是三三两两凑在一起说笑，甚至上厕所时都要拉着手一起去。

她们比男孩更爱说话，总是叽叽喳喳说个不停。

她们喜欢表现自己，每当学校组织文艺活动时，女孩们总会积极参与。

……

安静、乖巧、懂事，几乎成了女孩的标签，这表明，女孩们更希望安定、平稳地成长，而不是像男孩一样热爱闯荡、喜欢冒险。

对于X染色体所赋予女孩的这些特征，家长们往往会感到非常欣慰，因为相比男孩，女孩实在是太听话了，几乎不用费什么劲就能把她们教育好。

然而，也正因为家长们存在着这样的固有观念，所以容易对女孩的成长过程缺乏关注。有很多教育案例都说明了这一点：因为家长忽略了对女孩心理成长的引导，女孩们变得敏感、胆小、畏缩；因为家长忽略了对女孩能力的培养，女孩们变得自卑、胆怯、不相信自己……

任何一位家长都不希望自己的女儿走进这样的误区。那么，究竟是什么原因导致女孩发生了这样的改变呢？这一切还要归因于女孩们比男孩多的那条X染色体。

携带了女性基因的X染色体，使女孩原本就异于男孩的性格特征，比如文静、善感、胆怯、看重人际关系等，更进一步得到了强化。这些性格特征并没有好坏之分，而如果过度发展就会成为弱点。比如，如果女孩太过注重人际关系，总是担心人与人之间的关系破裂，就有可能委曲求全。

实际上，对女孩来说，“关系”是一个非常重要的关键词。既有儿子又有女儿的家长们通常会更强烈地认识到这一点：女孩往往更在乎与父母的关系，她们总是希望知道父母对自己的评价，而男孩却不一样，他们不太在乎父母对自己的评价，并且总是想发表自己对父母的评价。

女孩们之所以更想了解父母的评价，是因为她们想知道父母是否爱自己，她们习惯了用这些评价来判断自己与父母之间的关系。实际上，女孩不但非常在乎与父母之间的关系，还十分重视与自己有关的任何人之间的关系。比如朋友、老师、邻居，甚至是只有一面之交的隔壁班同学。细心的家长会发现，当女孩们与别人的关系出现问题时，她们表现出来的情绪往往是沮丧的、伤心的。为什么女孩们对“关系”这么在乎呢？

这正是因为，在X染色体的主导下，她们从出生的那一刻开始，就习惯了用“关系”来衡量自己周围的人和认识这个世界。

当女孩第一次与一个人接触时，她们最想知道的就是：“我与他/她之间有什么关系？”“我们的关系怎么样？”“我应该怎样保持我们的关系？”

女孩对关系是如此重视，因此，她们经常会留意别人的一些言行举止，并从中获取一些信息。比如，如果看到妈妈心情不好，她们会觉得是在生自己的气；如果同学们一起玩耍时没有叫上她，她就会觉得自己受到排斥了……

从这些行为里，我们可以总结出，女孩之所以容易受伤，其实是因为她们生活在各种关系组成的世界里，一旦关系出现了问题，她们就会深受打击，从而产生一种忧伤、低落的情绪。这时，她们往往会处在一种不安全的状态中。家长们千万不要轻视这种不安全感给女孩带来的伤害，这些伤害很可能会给她们的一生造成消极的影响。

1. 委曲求全，容易妥协

为了保持自己内心的安全感，女孩们总是希望与他人维持良好的关系。为此，她们往往会委曲求全，变得容易妥协。这也是为什么女孩比男孩更乖巧、懂事的原因，因为她们想“讨好”父母，并用这种方式来获得父母的爱。在与同伴的交往中，她们也往往会选择妥协，比如，放弃自己的意愿，而遵从朋友的建议。在这个不知不觉的过程中，女孩渐渐丧失了自己的独立性和自主性。

并且，在与别人交往的过程中，女孩还会产生这样一种观念：不能拒绝别人的要求，不然两人之间的关系就可能破裂。也正是因为如此，女孩在与他人交往时，常常会为了满足他人的意愿而损害自己的利益。

2. 渴望他人的保护，把自己当成弱者

有些女孩会因此把自己当成弱者，希望得到他人的保护。小时候，扮演保护神角色的往往是她们的父亲。随着她们渐渐长大，女孩会在心中幻想出一个英雄式的人物，幻想他会在自己需要时及时出现。当女孩成熟后，她们又会渴望遇到一个人，能让她依靠。

这是大多数女孩的心理发展轨迹。这种依赖他人的心理对她们的成

长和发展其实都是非常不利的。

因此，家长们要帮助女孩强大起来，不要灌输“女孩是弱者”的观点，要告诉女孩：“你能行！”如果在女孩很小的时候，家长就让女孩懂得依靠自己的力量才能幸福，女孩通常就不会把自己当成弱者。

养育女孩小贴士

家长应给女孩营造一种充满爱的成长环境

1. 绝不在孩子面前争吵，即使在某件事上存在意见冲突，也要通过协商的方式解决。

2. 与爱人之间应该互相尊重、互相体贴，并且把这种良好的感觉传递给孩子。

3. 不要把不好的情绪带回家，更不能把这种不好的情绪传递给孩子。

4. 一家人定期去郊外旅游，让孩子体会到更多源自家庭的快乐。

雌性激素让女孩更易受情绪左右

教女孩如何应对雌性激素带来的情绪变化：

- 教女孩学会稳定情绪
- 消除女孩不必要的顾虑
- 引导女孩学会调节情绪

雌性激素是女孩一生的伴侣，在女孩的成长过程中，它发挥着至关重要的作用，是女孩成长的“魔法师”。家长们要想了解女孩，首先要了解一下雌性激素。

雌性激素又被称为“女性激素”，主要由卵巢、胎盘及肾上腺皮质产生，它能对肌体的代谢、生长、发育和繁殖等发挥重要的调节作用。当女孩还在妈妈肚子里时，雌性激素就已经激活了女性染色体基因，使她们具备了一些女性独有的特征，比如细心、安静、温柔。而当女孩进入青春期以后，卵巢又会持续不断地分泌雌性激素，并促进阴道、子宫、输卵管和卵巢的发育，同时，子宫内膜增生而产生月经。

雌性激素不但能够起到维护女性生殖系统的作用，而且还能促进乳房发育。除此之外，女孩的身体里很多组织器官的良性运转，如心血管系统、骨骼、泌尿系统，都需要雌性激素的帮助。由此可见，雌性激素所关照的，都是对女孩非常重要的东西，也正是雌性激素的“魔力”让女孩逐渐成长为女人。

雌性激素会通过与大脑细胞相联系的受体位置，来告诉女孩身体里的几十万亿个细胞应该做些什么事情。那些受体的位置是特意为雌性激素而留的。在女孩的大脑细胞里，有雌激素受体、黄体受体、睾丸激素受体，还有其他激素的受体等。雌性激素通过对大脑里的神经递质进行控制，对身体里的活动产生或大或小的影响，并进一步控制女孩情绪的稳定、思考的过程、做事的动机、爱好、焦虑，以及如何处理外来的压力和性冲动。

在雌性激素的影响下，女孩的情绪、性格、气质等多个方面都会表现出与男孩不同的特点。其中，受影响最大的是女孩的情绪。早在一百多年前，就有研究揭示了雌性激素与情绪的关系，证明雌性激素能够影响女性的情绪。有一项统计结果表明，在青春期之前，男孩产生情绪问题的比例是女孩的两倍，而青春期之后的结果却完全相反，女孩患上焦虑症和抑郁症的比例是男孩的两倍。而且，女性患上抑郁症的最大风险期是青春期到 55 岁之间，这个时间段恰好与女性体内雌性激素的变化是一致的。

因此，当雌性激素活动不稳定的时候，女孩的情绪就会产生较大的波动。如果雌性激素过低，女孩就会产生孤独、生气、愤怒、伤感、忧愁、自卑、失望等负面情绪，这也是女孩更容易敏感的原因。当然，雌性激素的影响只是女孩情绪变化的诱导因素之一，女孩还会受到身体里其他激素的影响。比如，孕激素使女孩充满爱心、善感，因此女孩通常比男孩更喜欢孩子和小动物；催产素则会使女孩产生更多的“怜悯之情”，也就是人们常说的“母性本能”。

这样来看，也就不难理解为什么女孩总是容易受情绪左右，心思更细腻、神经更敏感了。作为家长，既然已经认识到雌性激素在女孩身上所发挥的重要作用，就应当给予女孩们更多的爱和关怀，帮助她们正确看待并调节自己的情绪。

1. 教女孩学会稳定情绪

雌性激素会使女孩变得情绪化和多愁善感，因此，女孩有时会表现出非常忧愁、哀怨，甚至动不动就哭泣，或做出一些不理智行为。针对这一点，家长们应该引导女孩将心量扩大。

家长们可以用自己的阅历和经验来给女孩更多智慧的启迪，告诉她生活中有很多乐趣，并有意识地引导她学会多角度地思考，凡事多看到好的一面，学会从正面分析问题，降低负面情绪对她的影响，使她不要情绪化地处理问题。

2. 消除女孩不必要的顾虑

在雌性激素的影响下，女孩往往比男孩更加细心和敏感，也正因如此，很多女孩总是表现得心事重重，凡事想得太多，还会过度关注某些细节，这时，她就会产生很多不必要的顾虑。

家长们应该多和女孩聊一聊，了解她情绪变化的原因，帮助她解开心结。比如，看到父亲情绪低落时，女孩或许会误以为是自己的问题，这时，家长应该劝导她："爸爸只是在工作上遇到了一些问题，有些着急，不是因为你才生气的，你不要担心。"当她明白这并不是自己的错之后，就不会再纠结自己的问题，有时反而会表现出善解人意的一面，主动去关心爸爸。

同时，家长们也要提醒女孩，无论遇到什么事情，要多与人交流，不要自己钻牛角尖。家长们也不妨经常引导女孩主动说出自己的想法，使她不再将问题憋在心底。

3. 引导女孩学会调节情绪

除雌性激素之外，在女孩的身体里还有一种非常重要的激素——孕激素，这是一种与雌性激素相对抗的激素。在每个月的生理期内，女孩身体里的雌性激素水平会降低，而孕激素水平会上升，这两种激素的变化，导致女孩在这一时期常常情绪低落、烦躁不安。

对于女孩的消极情绪，家长们首先要注意的是：不要去对此予以否认、压制、贬低、怀疑，不要说"这有什么可怕的""你不应该感到失望""你没有理由生气"等，而是要帮助女孩去接受、识别，然后教给她们正确的处理办法。

家长们可以告诉女孩，她现在的情绪变化是正常的，不要因此变得消极悲观，然后引导女孩对自己的情绪进行调节，比如鼓励她多说一说自己内心的不愉快，让她释放出负面情绪，这样她的情绪就会变得越来越稳定。

夏日里的瓢泼大雨能够缓解闷热的天气，能在很短的时间里净化周围的空气，同样，适度的情绪发泄也会让女孩尽情地释放心中的抑郁和忧伤，重新燃起对生活的希望。

女孩处理消极情绪的小办法

1. 宣泄法：比如通过打沙发、打枕头、撕纸等破坏性比较小又不影响别人的方式来发泄自己的情绪。

2. 倾诉法：找人聊天、写日记、随意画画。

3. 镇静法：数数、做一做深呼吸。

4. 转移法：看景色、听歌、运动，或做其他一些自己喜欢做的事情。

大脑结构差异，给女孩带来思维的优劣势

女孩与男孩大脑结构的差异，决定了女孩有优势也有劣势：

- 女孩的优势：语言表达能力、阅读、写作、形象思维、记忆力
- 女孩的劣势：抽象思维能力、空间感、方位感

一些家长总认为男孩比女孩更有优势，比如，男孩的身体更强壮、运动能力更强、更理性等。还有一些家长认为，男孩通常比女孩更聪明，在学习上更优秀。

事实真的是这样吗？

有一位心理学家曾设计了10种不同类型的智商测试，然后对各个年龄段的男孩和女孩进行测试。测试的结果令人惊讶：男孩和女孩的测试总成绩几乎一样。从这个测试中可以看出，无论哪个阶段的男孩和女孩，在综合智力上都是没有明显差别的。

不过，在对这些数据进行了更深一步的研究后，心理学家又发现：虽然男孩与女孩在综合智力上没有什么差异，但在不同的测试区里，他们的表现却有着巨大的差异。比如，在语言测试上，女孩的表现明显优于男孩，而在方向感的测试上，男孩却比女孩更加优秀。

为什么男孩和女孩会在不同的领域表现如此不同呢？

其实，这是因为女孩与男孩在大脑结构上存在着差异。

从生物学上来说，人类的大脑是由三个部分组成的，它们分别是脑核、大脑边缘系统、大脑皮层。脑核承担的任务是掌管人类的睡眠、呼吸、心跳、运动、平衡等基本功能；大脑边缘系统负责处理行动、情绪、记忆等；大脑皮层管理的则是相对比较高级的认知和情绪功能。其中，大脑皮层又被区分为四叶——额叶、顶叶、枕叶、颞叶，这四叶被分为左、右两个半球，也就是我们的左脑和右脑。

左右脑各司其职：左脑负责语言和推理，右脑负责运动、感情及对时空的定位，左右脑之间是通过神经纤维束来进行联结的。因为女孩大脑里的神经纤维束的体积比男孩大得多，所以，女孩左右脑之间的联系也比男孩要多。也正因为如此，女孩的左右脑发育得比较平均，而男孩的右脑明显要比左脑更加发达。

在这种大脑结构的影响下，女孩通常习惯用左右脑同时思考，而男孩则习惯用右脑来进行思考。思维习惯的不同，又促使男女大脑结构的差异越来越明显：因为男孩总是用右脑来进行思考，因此男孩的右脑变得越来越发达；而女孩习惯用左右脑同时思考，因此她们大脑中联结两个半球的纤维束体积也随之越来越大。

了解女孩与男孩在大脑结构上的差异，是非常重要的。只有客观地认识这种差异，家长们才能理解女孩在成长过程中出现的困难，及时采取方法来对女孩的劣势进行弥补，更重要的是，家长们还可以通过对这些差异的了解，灵活地开发女孩的智力。

具体来说，女孩的大脑结构带给她们的优势主要有以下两方面：

优势 1：女孩的语言表达能力比较强

细心的家长会发现，女孩说话通常比男孩要早。当男孩还不会说话时，女孩已经能清晰地喊出“爸爸”“妈妈”了；当男孩还在咿呀学语时，女孩们已经能对着布娃娃自言自语讲故事了。这都说明，女孩在语言表达的能力上存在着明显的优势。

其实，女孩在表达能力上的优势不只限于语言，随着年龄的增长，她们在阅读和写作方面，也会表现得越来越出色。

女孩之所以在这方面如此优秀，原因有很多。首先，在婴儿期，女孩的大脑发育就比男孩要快得多；其次，从刚出生开始，女孩就习惯了用左脑来进行思考，因此女孩的左脑要比男孩发达，而左脑的功能正是控制语言和推理的。

优势 2：女孩通常具有更出色的形象思维

有一位家长曾经谈到了这样一件事情：

有一天，这位妈妈带着自己 7 岁的双胞胎儿女到动物园去玩。回到家以后，爸爸问他们："你们在动物园都看到了什么动物？"儿子兴高采烈地回答："我看到了大象！老虎！狮子！"爸爸又问道："大象长什么样？"儿子回答："特别高、特别强壮！"女儿想了想，说："大象的耳朵就像姥姥最爱用的大蒲扇一样，我感觉它好像比我都要大。它的腿好粗，就像一根柱子！要是被它踩一脚，一定很可怕……"

男孩的描述很空泛，而女孩的描述却非常生动，让人一听就马上在脑海里浮现出了大象的形象。由此可见，女孩在形象思维上存在着巨大的优势，而且这种优势在她们很小的时候就已经得到了展现。比如，在婴儿时期，她们就喜欢拿着笔到处画，画各种奇怪的符号、小动物、自画像……这些都是她们形象思维发展的表现。

除了语言表达能力和形象思维比男孩高一筹之外，女孩们在记忆力和推理方面也比男孩更有优势。

当然，不可忽视的是，这种大脑结构在给女孩带来许多优势的同时，也使她们在很多方面存在着劣势。通常来说，女孩的劣势主要体现在：

劣势 1：抽象思维能力比较弱

很多家长都会有这样的体会：一遇到数理化，女孩们就会头疼不已。那些复杂的数学公式让她们眼花缭乱；物理考试让她们感觉压力巨大；而化学的各种方程式也让她们束手无策。

面对女孩在理科上表现出来的劣势，家长们通常忧虑不已，甚至着急上火。其实，女孩们之所以会有这样的表现，是因为她们在抽象思维上存在短板。

在生物学上，我们的右脑主要负责的功能是导航、时空定位和抽象思维等。因为男孩习惯了用右脑思考，所以他们的右脑被锻炼得非常发达。而女孩的右脑因为没有得到这样频繁的使用，所以开发程度要比男孩低得多。正因为如此，女孩的抽象思维才比男孩要略逊一筹。

劣势 2：空间感和方位感不强

女孩的空间感和方位感通常比男孩要弱一些，这种劣势在生活中表现得尤为明显，比如，女孩一到了陌生环境，往往很容易迷路。

了解了女孩在思维上的优劣势，家长们就可以对症下药，弥补女孩的“短板”，帮助她们充分发挥自己的优势。不过，家长们要注意的一点是，不要因为女孩在某些方面存在劣势，就放弃了在这方面的培养。要知道，生理差异不能决定命运，而且孩子的大脑是具有可塑性的。一个在婴幼儿时期喜欢玩布娃娃的女孩，长大了也许会成为一个非常出色的数学家，而一个从来都没有玩过汽车玩具的小姑娘，也有可能成为卓越的赛车手。

养育女孩小贴士

抓住女孩大脑发育的关键时期

5岁之前是女孩大脑发育最为关键的时期，也是大脑发育最快的时期之一。到了5岁之后，女孩的大脑发育就会逐渐减速了。所以，在这一时期，父母除了要教会女孩必备的技能，如说话、控制自己的情绪等之外，还应对女孩的大脑进行开发，使她的天赋得到充分的挖掘。

02

了解女孩独特的心理特点

“爸爸妈妈要爱我”：女孩更渴望父母的爱

家长应该这么爱女孩：

- 把爱说出来，让女孩感受到父母的爱
- 为女孩创造一个有安全感的家庭环境
- 给女孩理智的爱，过犹不及

当男孩在睾丸素的影响下到处探索、调皮捣蛋时，女孩已经像个成年人一样开始用好奇的眼睛观察并思考她周围的关系了。

对于青少年时期的女孩来说，最重要的关系莫过于家庭关系了，父母是她们最重要和最依赖的人，因此，与父母的关系通常是女孩思考的重点。她们常常会产生这样的想法：“爸爸妈妈最爱的人一定是我。”当她们接触到一些童话，了解到了童话里的公主过着怎样的生活之后，她又会这样想：“我要当爸爸妈妈的小公主。”女孩是如此重视与父母之间的关系，所以她们会比男孩更渴望得到父母的爱与关注。儿童时期的女孩们经常玩“过家家”之类的家庭游戏，也正是因为这一点。家长们如果善于观察，就会发现，在玩“过家家”时，女孩最喜欢扮演的角色是“妈妈”，她们会模仿着妈妈的样子，抚摸布娃娃、给布娃娃穿衣服、给布娃娃喂饭，细声细气地对布娃娃说：“宝宝，妈妈最喜欢你了，你一定要听妈妈的话哦！”

有时，她们还会跟小伙伴们一起玩“过家家”，让小伙伴扮演爸爸的角色，一家人一起玩耍、一起吃饭、一起看电视。

在玩游戏的过程中，虽然有时女孩也会想象“宝宝”做错了事情而对他们进行“惩罚”，但更多的时候是一家人在一起有说有笑、快快乐乐的场景。而这也正是女孩心中对生活最美好的向往与期待——她希望爸爸妈妈永远爱自己。

如果父母对女孩呵护备至、关怀入微，她们就会快乐地成长。相反，如果父母对她们表现出冷淡、疏离、呵责、抱怨，那么，女孩的内心往往会受到很大的伤害，会比男孩变得更加脆弱、沮丧、忧虑……

果果是一名初二的学生，在上幼儿园和小学时，她一直是父母眼中的“乖乖女”，父母也喜欢带着她出去游玩，一家人过着其乐融融的生活。可是，自从果果上初中之后，她感觉自己与父母之间的关系越来越疏远了，隔阂也越来越深，而她也不再喜欢像小时候那样一个劲儿地缠着爸爸妈妈了，而且经常会为了一点小事和父母争吵，学习成绩也一直提不上去。

原来，果果上了初中后，爸爸妈妈最关心的不再是她的生活，而变成了她的学习成绩。有一次，果果期中考试没考好，妈妈大声责问她为什么考得那么差，让果果的心情变得非常糟糕。而且，妈妈还整天在她耳边唠叨：“你现在不好好学习，成绩这么差，以后怎么能考上好大学？如果考不上好大学，你连工作都找不到！我看你到时怎么办！”果果听了之后，非常伤心，顶嘴道：“不用你们管，考不上大学，我就去要饭，你们就过你们自己的日子就行了！”妈妈一听，更加火冒三丈：“你就这样对妈妈说话？我还不是为了你好？赶紧学习去！”

果果的爸爸每天忙于工作，父女俩见面的时间都很少，更别提像以前那样和果果谈谈心，或者关心一下她的生活和学习了。每次，爸爸问果果最多的，就是考了多少分，在班里的成绩是第几名。爸爸的漠视和妈妈的唠叨，让果果感到越来越厌烦，有时为了和父母作对，果果甚至故意考差或做一些父母禁止她做的事情。

其实，果果想要的并不多，只想爸爸妈妈每天能抽出一些时间，听她讲一讲自己心中的烦恼，或者在她心情低落时多给她一些鼓励和安慰，但是父母的漠视和不恰当的教育方式，让果果选择关闭自己的心门，和父母站在了对立面。

随着女孩渐渐长大，很多家长会发现，女儿和自己之间的距离越来越远，再也不像以前那么亲密了。其实，这并不代表女孩不爱父母了，在这之前，她们一定曾向父母打开过自己的心扉，希望与父母沟通，赢得亲密的关系。然而，她们得到的不是父母的无视，就是打击，于是在失望和痛苦之下，她们只好紧闭自己的心门，把一切美好的东西都隔绝了。

因此，家长要想了解女孩的内心世界，首先要让孩子感受到你的爱与关心。

1. 把爱说出来，让女孩感受到父母的爱

内敛、含蓄是中国人共同的性格特点，同样，在对孩子的感情表达方式上，中国家长们也贯彻了这一风格。生活中，很多家长都愿意做一个“默默奉献者”，默默地爱着孩子，有人甚至认为，对孩子的爱没必要让他们知晓。

其实，再深沉的爱，也是需要表达的。家长们应该把“爱”说出来，让女孩能够真正感受到父母对她们的爱与付出，这样才能让她们亲身体会到父母为她们所做的一切不是理所应当的，而是出于内心的爱——因为爱她，才会这样做。

所以，家长们，从现在开始，请多对你的女孩说“我爱你”吧，让她知道，无论何时何地发生何事，你对她的爱都不会变！

2. 为女孩创造一个有安全感的家庭环境

女孩对关系的重视，决定了女孩对所有关系都非常敏感，尤其是家庭关系。如果女孩生活在一个充满矛盾和争吵的家庭环境中，她的心灵就会受到很大的伤害。

刘玉文是个与众不同的女孩，她是个不折不扣的“女汉子”，时不时就会做出一些暴力行为，比如，跟同学打架，砸坏学校玻璃窗等，弄得她的父母整天提心吊胆。前两天，因为班里一位男同学说她不像女孩，她就把那个男孩打成了“熊猫眼”。老师赶紧把她的父母叫到了学校，父母又赔笑脸又赔钱，气吼吼把刘玉文领回家。回到家以后，他们劈头盖脸将女儿一顿臭打，接着又互相指责起来：

“都怪你，整天忙忙忙，也不知道管管孩子！”

“孩子现在这么野蛮，都是你的错！你是当妈的，管不好孩子

不怪你怪谁？”

“怪你！”

“怪你！”

……

刘玉文听着爸爸妈妈的争吵，心理越来越烦躁，冲动地跑进客厅，把茶几上的茶杯全都摔了个粉碎。

很多家长并没有意识到，不和谐的家庭关系会给女孩带来不可估量的负面影响，它会使女孩长期处于恐惧、焦虑和无所适从的状态，使女孩无法建立起对感情的信任。如果女孩从很小的时候就一直身陷矛盾重重的关系中，那么，她们从小就会对感情持怀疑态度，对爱的需求也将永远得不到满足。如果女孩从小就没有见到温馨、和睦的感情，她也就不可能懂得如何用正常的心态来与人交往。

家庭关系和谐、美好，让女孩生活在一个充满安全感的环境里，女孩所看到的世界就是明亮的、健康的，同样，这些美好的感情也会反过来在潜移默化中影响着女孩的一生，使她更有可能在未来获得幸福。

3. 给女孩理智的爱，过犹不及

有这样一个真实的案例：

某女大学生经过刻苦努力终于获得了出国留学的奖学金，然而，这之后不久，她却因焦虑过度而精神失常。

原来，这位女大学生是独生子女，从小就备受父母的宠爱，过着衣来伸手、饭来张口的生活。上了大学后，她的母亲辞掉了工作，在学校附近租了一套房子，专门照顾她。在得到出国读书的机会后，她一想到自己将要独自一人生活，无人照顾，就忧心忡忡，最终焦虑过度，导致精神出现了问题。

后来，这位女大学生的妈妈对记者说了一句令人深思的话：“我们一心一意地爱她，凡事为她着想，谁知却害了她。”

对任何一位家长来说，爱孩子都是天性。然而，如果爱孩子的方式过于盲目和没有理性，就会导致孩子依赖性太强。当孩子习惯了消极的依赖之后，一旦需要独自面对新的挑战，就会无所适从。

理智的爱才能让女孩健康成长，所以，爱孩子也要把握度，要给孩子自主的空间，让她们学会自己长大。

养育女孩小贴士

准备一张“每日爱”的检查表

美国宾夕法尼亚州布林莫尔学院父母中心的指导者哈丽雅特博士，建议家长们应该准备这样一张“每日爱”的检查表：

1. 告诉您的每一个孩子“我爱你”。

2. 通过温和的触觉来传达您对孩子的爱意。

3. 关心您的孩子的行踪，注意到他们什么时候回来和什么时候出去。

4. 告诉您的孩子，什么是对的，什么是错的。

5. 注意到您的孩子的每一个小小的进步。

6. 问孩子对您的意见。

7. 耐心而且彻底地回答孩子们提出的各种各样的问题。

8. 对于年龄较大的孩子可委以适当的重任。

9. 因势利导，让孩子建立自信心。

10. 尊重孩子的人格。

“我该怎么做”：女孩更容易缺乏主见

家长应该这样培养女孩的主见：

- 对女孩少一些命令，多一些建议
- 允许女孩有自己的不同之处
- 教女孩学会说“不”
- 给女孩表达意愿的机会，把决定权交给她

与男孩相比，女孩似乎更容易缺乏主心骨。生活中，我们经常会看到女孩扯着爸爸或妈妈的衣角，胆怯地问：“我该怎么做？”

很多家长都希望自己的女儿乖巧、听话，但不希望她过于听话、事事顺从。如果女孩从来没有什么想法、什么事都要询问父母的意见，比如早上穿什么衣服、要不要剪短头发、要不要参加学校组织的活动、周末要不要和小伙伴一起去公园玩等，事无巨细地都要父母操心，她的成长一定会受到限制。

11 岁的郑秋秋在大家的眼里是一个乖巧的女孩儿，安安静静的，非常招人喜欢。但是，她的缺点也是太过乖巧，比如，同学们让她做什么她就会做什么，老师要求什么她都会按部就班地去做，自己一点主见都没有。平时在家里，衣食住行，她都要先问问妈妈。如果妈妈不点头，她就什么都不做。

看到女儿这么没主见，妈妈非常着急，她决定先从生活中的小事开始放手，培养郑秋秋的主见。当郑秋秋不知道穿哪件衣服好时，妈妈不再像以前一样直接给出意见，而是说："你喜欢哪件就可以穿哪件，你要相信自己，你选的一定是最适合自己的。"在买衣服时，妈妈也不再帮郑秋秋决定买哪一件了，而是让她自己看，款式、花色、价格，都由她自己决定。

一开始，郑秋秋总是摇摇头，说："妈妈你帮我决定吧，我选不好。"但后来，当她发现自己选的衣服也不错的时候，就渐渐学着自己挑衣服了。妈妈发现，自从放手让女儿自己买衣服之后，女儿就渐渐开始有了主意，有时候女儿会说："我觉得这个颜色不好看，我不喜欢。"不再是妈妈买什么穿什么了，有时候遇到一些事情她还会主动给妈妈说说自己的看法和观点。

后来，郑秋秋对书法产生了兴趣，决定报名学习，问了价格之后，她回家向妈妈要钱。妈妈知道后，非常支持她的决定，更多的是感到欣慰，那个原来事事都需要她帮着拿主意的小姑娘，终于学会自己做决定了。

女孩天生就不知道"我应该怎么做"吗？

答案当然是否定的。

每个女孩都会经历这样一个过程：从襁褓时期对父母毫无保留地信任和依赖，到儿童时期对外部世界的好奇与探索，再到青春期独立意识的萌生。随着自己的渐渐长大，女孩们开始感受到自我的存在。同时，她们也希望能掌握自我。这种自我意识的苏醒是人的一种本能，而家长的做法将影响到它的发展——家长可以压制它，也可以鼓励它。

如果家长选择了压制女孩的自我意识，那么，女孩就会渐渐成长为一个连穿衣、吃饭这样的小事都需要别人帮忙做出选择的孩子。一个缺乏主心骨的女孩，是永远也不可能把握自己的命运的。

所以，家长们不要对女孩的事情大包大揽，应该从现在开始就给女孩一定的决定权，尊重女孩的自主要求，这样女孩才会降低对父母的依赖性，内心变得越来越强大。

可以说，一个有主见的女孩，离不开家长的培养。

1. 对女孩少一些命令，多一些建议

很多家长在与女孩交流时习惯于用命令的口气，比如：“赶紧写作业去！”“这件衣服不好看，换掉它！”“你该睡觉了！”乖巧的女孩在听了这样的话之后，往往会照做，但这只是因为她们顺从于家长的权威，并不代表着她们愿意接受家长的命令。

聪明的家长要懂得对女孩多一些建议，少一些命令。如果把命令式的话语改成建议性的话语，效果会更好。比如，把上面那几句换成“女儿，我建议你现在去写作业，写完作业我给你讲故事”“这件衣服不太适合你，我觉得你换一件会更好”“现在已经九点了，你需要睡觉了，不然明天就起不来了”，效果就会完全不一样。这样的表达方式能够让女孩感受到一种尊重，从而引发她独立思考，按自己的意志主动处理好事情，渐渐地，她的自主意识也就会越来越强。

2. 允许女孩有自己的不同之处

很多家长总是唯恐女孩特立独行，一旦发现她们有什么独特的想法，

就马上将其扼杀在萌芽状态中。其实，有自己的不同之处，恰恰是自信和内心强大的表现，家长应该保护女孩的与众不同。

刚上初中的小余最近也学着别人“时尚”起来了，她在学校看到很多女同学都做了各种各样的发型，有的还染了颜色，于是她也去理发店换了个非常时尚的发型，还染了发。

回到家之后，爸爸看到小余的头发非常生气，大声说道：“你这是什么发型？一个初中生把头发弄成这样，像什么话！难看死了！”

小余听了爸爸的话非常难堪和伤心，哭着跑进自己的房间里。

不过，妈妈没有像爸爸那样责怪女儿，而是等女儿情绪稍微平静一些之后，认真地看了看女儿的发型，摸着女儿的头说：“妈妈觉得你这种发型很好看，把你的脸衬得小了些，白了些，而且这种发型今年特别流行。但是，可能是太流行了，妈妈去学校找你时，发现好多女同学的发型都一模一样，如果你能稍加改变，说不定能引领潮流呢！”小余有些心动了，认真地问妈妈：“妈妈，你说怎样才能让我与众不同呢？”

“这个发型虽然很流行，但是染发在学校是不被允许的，而且还损害发质，还是黑色最好看。再加上你的脸圆圆的，如果头发上配上一些可爱的发卡，一定很好看。”妈妈建议说。

于是，小余听从了妈妈的建议，把头发又染成了黑色，然后买了一个很可爱的海豚发卡别在头发上，非常抢眼，小余对自己的新造型非常自豪！

女孩应该拥有自己的个性，个性是自我意识、独立思想的体现。与其扼杀女孩的个性，不如鼓励她发展与他人不同的专长、思维方式、创新方式等。

3. 教女孩学会说“不”

女孩往往羞于拒绝别人，因此，她们经常会隐藏自己的观点和意见，对别人妥协，或者盲目地跟随别人。要使女孩有主见，家长们一定要培养女孩敢于说“不”的精神——自己是怎么想的就怎么说，自己不愿意的事情或者自己不认可的事情，要学会说“不”。

“沫沫，你把这袋米给奶奶送去。”妈妈对女儿说。女儿看了看那袋米，犹豫了一下答应了。她走到那袋米前，想把它背在身上，可是米实在是太沉了，她用尽了力气，也只是勉强背得动，不可能送到奶奶家去。这时她看了妈妈一眼，见妈妈没反应，她踉跄着出了门。

妈妈叫住了她：“沫沫，你真的能把这袋米送到奶奶家吗？”

女儿放下东西委屈地说：“不能。”

妈妈问：“那你为什么不说自己办不到呢？”

女儿说：“因为是妈妈让送的。”

妈妈把米拎了回去，告诉女儿：“妈妈说的也不能全部接受啊，孩子，以后要记住，不管谁说的，超过了自己能力的事情就要学会拒绝，学会说‘不’，否则你只能把事情做糟。”

4. 给女孩表达意愿的机会，把决定权交给她

很多家长习惯了凡事都为女孩做选择、做决定，根本不考虑孩子的意见。一旦女孩不按照自己的意见去做，就对她大加指责。其实，真正

爱孩子，就要给孩子表达自己意愿的机会，比如，带女孩去超市购物，可以问她自己想买什么；做饭的时候，问问女孩想吃什么；出去游玩，问问女孩想要坐什么交通工具等。

适当的时候，家长也可以把决定权交给女孩，让她做自己的主人。这样她就可以从自己的体验中学到更多的东西，获得的进步也会更大。

养育女孩小贴士

从小事培养有主见的女孩

1. 允许孩子自由安排自己的生活，如让孩子安排自己假期的学习和娱乐活动。

2. 全家一起外出旅行时，可以让孩子来制订计划。

3. 在为孩子选择兴趣班时，家长可以与孩子一起列出所有的或大多数的选择，与孩子一起分析其优劣，然后让孩子选择要上什么班。

“我是不是做错了”：女孩通常很敏感

家长这样做，让女孩不再敏感：

- 理解并接受女孩的敏感
- 家长首先要学会控制自己的情绪
- 注重培养女孩的自尊心和自信心
- 对女孩多一些鼓励，少一些批评

很多家长都曾遇到过这样的情况：因为生活中一些微不足道的小事，女孩就会莫名其妙地掉起“金豆子”，甚至产生“爸爸妈妈是不是不爱我了”“都是我的错，以后妈妈再也不会理我了”的想法。

其实，隐藏在女孩这些行为背后的，是她们独特的心理特点——敏感、脆弱。

有一位初二班主任曾经讲过这样一件事情：

张瑶瑶是班里一个非常敏感的女孩，每次遇到我，眼神总是怯怯的。有一次，在英语课上，老师让她回答问题，她回答不出来，老师就让她坐下了，叫了另一个同学来回答。不一会儿，老师发现张瑶瑶竟然趴在课桌上哭了起来，下课后，老师叫她去办公室，安慰她说“不就是一个问题没有回答出来嘛，很正常的，不用难为情”。她说，回答不出来问题，觉得同学们都在嘲笑她，她很羞愧。

后来，同样的情形又发生了好几次。我这才意识到，这个女孩是如此敏感，老师和同学一句无意的话或者一个无意的动作，都会令她烦恼不已。我也与张瑶瑶的妈妈进行过沟通，瑶瑶的妈妈说她小时候就是这样，只要和她说话的人声音稍微大一点，她都觉得是在批评她。她妈妈曾经与她交流过很多次，也无济于事。

从那以后，无论什么时候遇到她，无论自己心情怎样，我都会向她微笑，有时候还会鼓励她几句。除了我这么做之外，我还让班上其他的任课老师都尽量多鼓励她，多给她一些笑容。

尽管如此，我还是非常担心她。她是我的学生，我能理解她的敏感，所以给她最大的鼓励，但以后她去了其他学校、参加工作了，又会怎么样呢？

女孩往往比较敏感，而且，她们的敏感常常令人感觉莫名其妙，为什么芝麻大的事情，也会让她们产生那么多想法呢？尤其令很多家长头疼的是，有些女孩不能受委屈，听不得别人说她不好，更见不得别人批评她，不然就会背上几天的思想包袱，越想越多，越想越复杂。有些女孩动不动就喜欢掉眼泪，眼泪几乎成了她们唯一的语言。还有一些女孩特别羞怯，遇到陌生人恨不得绕着走，更别提主动打招呼了……

比较而言，男孩就显得非常大大咧咧了：被父母或老师训斥了，仍然表现得满不在乎，别说哭了，脸都不会红。有的男孩挨了一顿训后也会掉眼泪，但情绪过去之后，该玩还是照常玩，像个没事人一样，依旧蹦蹦跳跳的。

其实，这种差异是由男孩和女孩体内不同的荷尔蒙导致的。男孩体内的睾丸素，决定了男孩喜欢冒险、热衷于竞争。而女孩体内的雌性激素，则决定了女孩心思细腻、敏感多思。

那么，是不是敏感只会给女孩的人生带来负面影响呢？不是。因为女孩敏感，所以她们通常善于体贴别人，富有同情心，能够发现生活中的美好，而且乖巧可爱，讨人喜欢。家长们要做的，是肯定女孩的优点，同时对她们进行合理引导，避免她们过度敏感。

面对敏感的女孩，家长们应该如何保护并引导她呢？以下的方法可以供家长们参考。

1. 理解并接受女孩的敏感

敏感是女孩们所拥有的一个共同特点，即使是一些看上去像假小子、大大咧咧的女孩，也会有敏感的一面。家长们应该接受女孩的这一独特的心理特点，并给予她们足够的理解。

当发现女孩陷入情绪的漩涡之中时，家长一定要多给她们一些安慰和鼓励。比如，当女孩哭泣时，不要着急批评和指责她，先问一问她为什么会哭，然后给她一些安慰，并鼓励她做一个强者。家长的体谅和鼓励，会让女孩变得更加坚强。如果家长不能理解女孩的敏感，女孩会变得越来越孤独，越来越脆弱。

2. 家长首先要学会控制自己的情绪

敏感的女孩非常容易受到外界的影响，尤其是家长的焦虑、紧张、愤怒、忧郁等情绪的影响。

好不容易放暑假了，张允高高兴兴地到外婆家玩。可是只待了三天，外婆就发现这孩子特别容易激动，动不动就大声吼叫。外婆摇着头说："这孩子跟她妈妈简直是一个模子刻出来的，这样下去怎么行，孩子的个性还在形成中呢。"在张允又一次发脾气时，外婆问她是不是妈妈在家也这样，张允点点头说："是的，妈妈发脾气的时候，家里就像发生了大地震一样。"

外婆马上打电话把女儿叫到家里，跟她谈了很长时间，告诉她现在作为一个母亲，一定要负起责任，要注意自己的情绪和言行对孩子的影响，不能因为自己无法控制自己的情绪而毁了孩子的一生。

身为家长，一定要学会控制自己的情绪，努力保持心态的平和与淡然，只有这样，才能避免使孩子遭受负面情绪的影响。如果家长没有控制好自己的情绪，最好马上向孩子解释，避免她无端的猜测。

家长更不能把孩子当成"出气筒"，本来女孩子就非常敏感，如果家长还对她发泄自己的不良情绪，就有可能加重女孩的情绪负担，严重者甚至会使孩子陷入抑郁的状态。

3. 注重培养女孩的自尊心和自信心

自卑、自尊心过强的女孩更容易敏感，所以，家长要注意培养女孩的自信和自尊，使她们认同自我，及时获得成就感。比如，对女孩的期望一定要合理，不要超出她的能力之外，这样女孩才能丢掉沉重的心理负担。同时，无论做什么事情，家长都要考虑到孩子的自尊心，最好不要当着众人的面批评女孩，如果孩子做错了，可以回家以后再与她进行沟通。

4. 对女孩多一些鼓励，少一些批评

每个孩子都有自己的闪光点，家长应该更多地着眼于孩子的闪光点，而不是她的弱点。生活中，要对女孩多一些鼓励，多一些支持，少一些批评，少一些苛责。

比如，如果女孩兴高采烈地告诉妈妈自己考了全班第三名很开心，这时候妈妈千万不能打击女孩："只考了第三名就这么高兴？你要向人家第一名学习，别翘起你的小尾巴！"而不妨这样说："妈妈看到你付出了这么多努力，取得了这么好的成绩，真为你高兴。如果你下次能够细心点不犯两个小错误，你就是第一名了。"

经常得到认可和肯定的孩子，内心会变得越来越强大，不容易为一些小事情就情绪波动很大。

养育女孩小贴士

对待敏感女孩的 7 大原则

1. 用信心消除女孩的疑虑。

2. 引导女孩不必过于在意他人的评论，不要生活在别人的目光里。

3. 不要嘲笑敏感的女孩。

4. 教女孩凡事先要冷静地思考。

5. 开朗的性格可以互相影响，让女孩多与开朗的人交朋友。

6. 沟通很重要，教女孩积极与他人沟通。

7. 培养乐观的情绪，引导女孩看事情的积极一面。

“我不行”：女孩通常很娇弱

是什么让女孩变得娇弱?

- 家长经常以恐吓的方式来管教女孩
- 家长对女孩过于严苛
- 家长对女孩过分娇惯

娇弱，几乎成了女孩的代名词。在很多家长看来，与男孩相比，女孩天生就是娇弱的。这种娇弱，不但体现在身体的娇小、体质的柔弱上，更体现在心理的脆弱上。因为女孩的“弱不禁风”，家长们通常会给予她们更多的宠爱、关怀，而这又使她们变得更加娇弱。

李娇娇的妈妈发现，几乎每年的秋天和春天，李娇娇都会发烧感冒，很长时间都好不了。因为经常生病，再加上特别挑食，李娇娇长得非常瘦弱，同学们给她取了一个外号——“林妹妹”。李娇娇的挑食非常厉害，在家吃饭还好，奶奶会做她爱吃的菜，但是在学校，食堂很多菜都不合她的口味，李娇娇经常一口不吃就倒掉，然后去买自己喜欢的小零食。

李娇娇还特别不爱劳动，一到班上组织大扫除，她就会唉声叹气，回家后还会对妈妈发牢骚，说自己打扫卫生非常累。但她对学习倒是非常上心，如果有哪一次考试没有考好，她会难过很多天，然后每天晚上学习到半夜，无论妈妈和奶奶怎么劝她去休息，她都不肯。

有一天，因为上课走神，老师点名批评了李娇娇，李娇娇当时就忍不住哭了起来。后来是班主任来劝她，她才停止了哭泣，但情绪还是很低落。晚上回家妈妈问她为什么眼睛红红的，不问还好，一问，李娇娇的眼泪又流出来了，一家人都来哄她。

李娇娇的妈妈为此头疼不已，不知道女儿什么时候变得这么娇弱，不能打，更不能骂，甚至一点委屈也不能受，要不然就是闹情绪，赌气，不吃饭。她真的不知道怎么做才好，这么一个女儿，从小就宠着，怎么还是让人如此担忧呢？

什么让女孩变得娇弱？

其实，从生理的角度来说，女孩由于雌性激素的作用，往往会表现出胆小、脆弱、娇气、敏感的性格特点，比如，不敢一个人在家、打雷的晚上会吓得睡不着觉、不喜欢参加户外活动、做什么事都希望有人陪着等。

当然，女孩的娇弱虽然与性别有着一定的关系，但家长的教育方式不当也是非常重要的原因，具体主要体现在以下几个方面。

第一，家长经常以恐吓的方式来管教女孩。孩子在小的时候经常会用哭闹的方式来表达自己的情绪。有些家长一看到孩子哭了，马上就会用狮子、熊、大灰狼、老虎等凶猛的野兽或者妖怪、魔鬼来对其进行恐吓，有些家长甚至还会发出各种令人害怕的声音，这虽然会把孩子吓得不敢哭闹，但同时也会给孩子带来巨大的负面影响，甚至给孩子留下很深的心理阴影。

第二，家长对女孩过于严苛。有些望女成凤的家长，为了让孩子“有出息”，对孩子要求过于严苛，会制定一堆家规，比如“不准参加聚会”“不准看电视或玩电脑游戏”“不准去同学家串门”“不准任何一门功课的学习成绩低于 90 分”等，并要求女儿一一照做。如果做不到，就会动辄训斥、批评，甚至打骂。这种严厉的教育方式，让女孩不但丧失了自尊心，也彻底失去了自信。这样的做法，往往会引起女孩心理上的失调甚至心理障碍，使女孩变得越来越胆小、越来越懦弱。

第三，家长对女孩过分娇惯。在有些家长眼中，女孩就是应该娇弱一些，这样才能得到更多的怜爱。于是，他们在教育女孩时，总是有求必应，认为这样才是真正的疼爱。其实，与过分严苛相同，过分娇惯也会让女孩变得娇弱、胆小。因为家长的娇惯是在向女孩传递一个信息：你本来就很弱小，你太娇弱了，你没有能力应付陌生的环境，没有我们的保护你会受到伤害的。这会让女孩对自己产生同样的认知，从而变得越来越娇弱，不愿意去承担责任。同时，家长的娇惯也让女孩失去了在挫折中锻炼自己的机会，一直生活在温室中的花朵，怎么能经受得起风雨的洗礼？

家长们可以观察一下自己的女孩在生活中是否存在着以下现象，如果有，一定要引起注意。

·对什么都挑三拣四，一定要符合自己心意才行。吃饭时总是挑挑拣拣，爱吃的一个劲儿吃个没完，不爱吃的就全都扔在一边。穿衣服时，好看的就穿，不好看的坚决不穿。文具之类的也要买名牌的，稍微有点旧了就扔掉。

·学习上不能接受失败，考试考得不好就会哭鼻子，学习上遇到困难马上就会向父母求助，自己不肯动脑筋。

·养成了懒惰的习惯，喜欢衣来伸手饭来张口，如果让她做家务，她就会唉声叹气。

·不愿意受委屈，被批评几句就会号啕大哭，如果要求得不到满足，还会用各种各样的方式来要挟父母。

这些都是过于娇弱的表现，家长们一定要引起警惕，女孩的确需要更多的爱，但也要把握度。过度娇惯，只会害了女孩。

在高空自由翱翔的雄鹰，必定经历了被鹰妈妈无数次推出巢穴的痛苦，才能练就一双有力的翅膀。一颗熠熠生辉的珍珠，必定经受过蚌的无数次打磨，才能闪烁着洁白的光芒。同样，一个女孩要想在自己的人生中创造出令人惊羡的价值，也必须经历千锤百炼。因此，家长们要帮助女孩摆脱娇弱，拥有坚强的内心。

1. 给女孩独自应对的空间

始终生活在家长的“羽翼”之下的女孩，是不可能坚强而乐观的。身为家长，不要事事代劳，应该适时放手，给女孩独自应对的空间，让她自己去处理事情、解决问题，学着独立和自强。

在这个过程中，孩子会遇到一些艰难和障碍，这时家长可以给她一定的指导，鼓励她，让她树立信心。当她通过自己的努力最终达到目标时，会收获一份与众不同的满足感。她会因此而自豪，心中也会产生一种克服艰难的勇气和不达目的不罢休的决心。

2. 让女孩做一些力所能及的家务

家长们可以根据女孩的年龄，让她做一些力所能及的家务，比如，3 岁的女孩应该学着自己去穿衣服、洗脸、吃饭。7 岁的女孩可以做一些比较简单的家务活，比如洗碗、扫地、擦桌子等。10 岁的女孩应该学着自己洗衣服、叠被子。

让女孩做家务，可以使她们体会到生活的艰辛和家长的付出，在这个过程中，女孩会变得越来越能干。

3. 培养女孩爱运动的习惯

与爱跑爱跳的男孩相比，女孩通常都不喜欢运动，尤其是上体育课的时候，男孩大多兴高采烈，女孩却常常皱着眉头，恨不得马上回到教室。其实，女孩也应该像男孩一样养成运动的习惯，运动能让人变得阳光、活泼、健康。

家长们应该引导女孩动起来，比如，带着女孩去爬山、跑步、打羽毛球，这样不但能增强女孩的体质，而且有利于开阔女孩的视野、磨炼她的意志。一开始，女孩或许会比较排斥，家长可以和她订一个协议，比如每周跳绳两次，督促她坚持下去，渐渐地，女孩就会爱上运动。

养育女孩小贴士

培养坚强女孩的 4 个原则

原则 1：设定合理目标

家长应该根据孩子的年龄特点，为其设定合理的目标，目标要具体而明确，让孩子知道，只要努力，一定会实现。

原则 2：设置必要障碍

坚强的意志从来都不是天生的，而是在艰难困苦中磨炼出来的。家长要让女孩从小就认识到，在人生的道路上，挫折是无法避免的，只有凭借坚强的意志才能战胜它。

原则 3：鼓励自我训练

自我命令、自我激励都是锻炼意志的好方法。家长可以教女孩在做作业、跑步、做家务时给自己下命令：坚持到底！再坚持一下！

原则 4：适时激励表扬

家长的鼓励和赞扬，不但能提高孩子的自信心，还有利于意志的锻炼。因此，对孩子通过努力得到的点滴进步，家长应该适时、适度地给予肯定和赞赏。

03

把握女孩成长的三个关键阶段

0-7 岁，需要充足的安全感

0-7 岁的女孩，拥有与生俱来的特点：

- 胆小脆弱，不够坚强
- 心思细腻，容易受伤
- 过早地感受到压力
- 大道理对她们是毫无用处的

0-7 岁，对女孩的一生来说，是一个非常关键的时期。在这个阶段，女孩总是非常依赖父母，因为在她来到这个世界之前，一直被母亲温暖舒适的子宫保护着，这让她产生了充足的安全感。然而，呱呱坠地后，陌生的环境令她感到疑惑和恐惧，于是她希望通过依赖父母来获取安全感，因此，女孩对父母会产生强烈的爱的渴望。

因为依赖性比较强，这个阶段的女孩往往会表现出胆怯、脆弱、敏感等特点。有一位女孩家长的经历就说明了这一点：

一天，李雯正在和丈夫讨论生活花销，她的女儿走了过来。为了不让女儿小小年纪就感受到成人的压力，他们马上停了下来，换了另一个话题。女儿看了看他们，似乎想说什么，最终却什么也没说。

然而，这之后，李雯发现，女儿的表情和行为总是显得十分古怪，经常坐立不安，而且戒备心很强，还时不时地欲言又止。于是，她决定好好和女儿交流一下，在她的引导下，女儿终于说出了自己的心里话："妈妈，那天你和爸爸在说什么？为什么一看到我就不说了？是不是在说我？"

女孩为什么会这么敏感？从心理学的角度来说，这是因为在女孩眼中，这个世界就是一个由各种各样的关系组成的世界。她习惯了用关系来作为衡量一切的标准，衡量父母是否爱她，衡量朋友对她的友谊是否真诚……

女孩的脆弱、胆小、敏感，都是因为太过注重人与人之间的"关系"。尤其是在7岁之前，因为女孩缺乏情绪调控能力，这些特点会表现得更加明显。当她觉得自己与他人之间的关系出现了问题时，她就会表现得非常脆弱。正因为她希望与父母之间的关系非常亲密，她才会如此强烈地依赖父母。

具体而言，在7岁之前，女孩身上天生的一些特点会表现在以下几个方面。

1. 胆小脆弱，不够坚强

莎士比亚曾经说过：女人，你的名字叫弱者。很多家长也是这样认为的，在家长们的心目中，女孩天生就是柔弱的，比如，她们怕打雷，怕独自一人睡在房间里，怕毛毛虫，怕摔倒……

这些对女孩的"刻板思维"，影响了家长们对待女孩的方式。与教育男孩时要求男孩坚强、勇敢不同，家长们往往对女孩非常疼爱，不但给女孩生活上无微不至的照顾，还竭尽所能地使女孩避免受到伤害。比如，有些父母会毫无怨言地为女儿包办衣食住行，有些父母则会替女孩做出各种选择，有些父母甚至连小伙伴都要帮女儿筛选。而这种教育方式，恰恰是女孩脆弱的根源。毕竟，一直生活在温室里的花朵，怎么可能经得起风雨的洗礼？

2. 心思细腻，容易受伤

心理学的研究表明，7 岁之前，女孩通常表现得比男孩更加敏感，最主要的原因在于她们对人、对事的敏感度都远远高于男孩。

这种性别差异在 3 岁之前表现得还不太明显，但到了 3 岁之后，就会非常突出。在这一阶段，女孩已经懂得利用各种感官来获取细微的、细节性的信息，她们在与人交往的过程中，总是会仔细地捕捉别人的言行中所透露出来的信息，特别是一些在她们看来是对自己不利的信息。一旦发现了这些信息，她们就会觉得自己受到了伤害。

一天晚上，5 岁的娇娇与爸爸一起看绘本，爸爸让她自己挑一本书。娇娇在书架前翻了半天，把书架都翻乱了，也没找到一本自己喜欢的书。

这时，在一旁站了半天的爸爸觉得有些不耐烦了，于是对她说道：“你到底想看哪本书？”

爸爸的话音还没落，娇娇就“哇”的一声哭了起来，一边哭一边非常伤心地说：“爸爸对我这么不耐烦，一定是因为爸爸讨厌我！”

或许大多数家长都已经接受了“女孩就是敏感”的观点。因此，在很多时候，并不把女孩的这些表现放在心上。然而，值得注意的是，如果女孩长时间处于这种敏感的状态中，她的心理发展会受到极大的负面影响。

正因为意识到了这一点，很多家长总是会给女孩灌输这样的思想：不要太在乎这些小事，不要心事那么重……但他们会发现，这些道理女孩根本听不进去。其实，要想引导女孩把心“放大”，最重要的是让女孩感受到充足的爱。即使是在批评女孩时，也要让她懂得你是因为爱她才这样做的。当女孩敏感的心得到抚慰之后，她们就不会再轻易受伤了。

3. 过早地感受到压力

因为天生就重视关系，女孩往往比男孩更关注别人，在她们很小的时候，就学会了关心别人。正因为如此，女孩通常被认为是善解人意和乖巧的。然而，从另一个角度来说，也正因为这一点，女孩往往会过早地感受到压力。在本应自由自在地玩耍、成长的童年期，很多女孩却背上了不属于自己这个年龄的压力，成了一个不快乐的“小大人”。

如果家长不及时帮女孩疏导情绪，这些压力很可能会使女孩的心理出现问题，甚至将她压垮。所以，家长们一定要在女孩 7 岁之前就引导她学会分清自己的责任界限，否则，女孩可能在“委屈”和“受伤”中度过一生。

4. 大道理对她们是毫无用处的

当女孩犯了错误时，一些家长会习惯性地用讲道理的方式来对她们进行教育。殊不知，7 岁之前的女孩还缺乏足够的思维能力，对她们来说，大道理是不起作用的。有心理学家曾对此进行过多次试验：

在一所幼儿园里，心理学家把一个班的女孩分成两组，让她们玩橡皮泥。每当这个游戏结束时，工作人员就告诉第一组的女孩们：

“游戏结束后，要把所有的橡皮泥收起来，不然橡皮泥就会被风干，以后就无法继续玩了。”

对于第二组的女孩，每当她们玩橡皮泥的游戏结束时，工作人员不是对她们讲道理，而是不声不响地把橡皮泥装到盒子里收好。

这个试验持续了一周，一周之后，虽然第一组的女孩们听了那么多次的大道理，但玩完橡皮泥后，她们仍然不知道把橡皮泥收好；而第二组的女孩在玩完橡皮泥后，会主动把橡皮泥装到盒子里。

到 10 岁时，女孩才会出现理性思维。在这之前，她们的思维只停留在象征性思维的程度。因此，对这个阶段的女孩，家长们不要总是试图通过说教来教育她们，正确的做法是用自己的行为去引导女孩，给女孩做出榜样。

0–7 岁的女孩，正处于模仿他人的时期。或许她们听不懂家长所说的大道理，但是却善于模仿大人的行为。正如心理学实验所展示的那样，要想让女孩玩完橡皮泥后把橡皮泥收好，家长没有必要给她们讲道理，只要用正确的行为给她们做出示范就可以了。

当然，对0–7岁的女孩，最需要的是父母的爱。只有父母温柔的爱抚、全心全意的爱，才能使女孩充满活力、健康成长，才能使她们确信生活是美好的。

当女孩的身体和情感的各种需求都得到了回应，她会对生活做出最基本的判断：我是安全的，而且能得到爱。这个信念将扎根于她的内心，伴随她的一生。

养育女孩小贴士

女孩缺乏安全感的原因：

1. 缺乏交流和信任。

2. 教育方式有问题。

3. 父母负面情绪的影响。

4. 糟糕的家庭经济状况。

5. 婴幼儿时期不愉快的成长经历。

8-12 岁，想要跟世界建立更多联系

把握 8-12 岁女孩的特点：

- 对新鲜事物充满好奇，始终怀着一颗探索的心
- 在“好”与“坏”之间不断进行着拉锯战
- 人际关系变得越来越复杂

从 8 岁开始，女孩进入了人生的新起点，她们不再像 7 岁之前那样以父母为中心，一味地贪恋父母所给予的安全感，而是开始用懵懂的双眼打量着周围的世界，想进一步了解这个精彩纷呈的世界。

女孩的眼界也随之变得越来越开阔，开始用一种全新的眼光来认识这个世界。她们的眼里不再只有布娃娃，她们好奇地发现，原来这个世界上有那么多有趣的东西，她们可能会喜欢上收藏各种各样的糖纸，也可能会爱上某种乐器，也可能对读书产生浓厚的兴趣。

而且，8–12 岁的小女孩已经开始拥有属于自己的交际圈，她们沉浸在与朋友交往的乐趣之中，为友谊而患得患失，同时又渴望着认识更多的朋友。

这些改变，都是因为女孩想要跟世界建立更多的联系。具体来说，8–12 岁的女孩会表现出以下特点。

1. 对新鲜事物充满好奇，始终怀着一颗探索的心

从 8 岁开始，女孩们的好奇心会变得越来越强。对新鲜事物，她们急切地想要了解清楚，她们的小脑袋里总是装满了问号。细心的家长会发现，这个阶段的女孩几乎每天都会问各种问题，比如，“为什么杨树长得那么高”“为什么到了夏至白天会变长”“为什么我要多吃蔬菜”，等等。

面对这些问题，有些家长会耐心地为女儿解答，而有些家长则因此而厌烦不已：“你整天不能干点正事吗？问这些问题有什么用？”“这都是很正常的，你别再问这样的问题了。”后面这类家长并没有意识到，这样做会给女孩带来沉重的打击。天性非常注重关系的女孩，看到家长对自己的问题这么不耐烦，会感到非常恐慌，为了不惹家长厌烦，她们往往会停止问问题，甚至停止对世界的探索。女孩的求知欲一旦消失，就很难再燃起。

所以，家长们应该耐心地对待爱问问题的女孩，保护她们的求知欲，帮助她们探索这个世界。有一位家长的做法就值得借鉴：

雨过天晴的傍晚，天空出现了一道绚丽的彩虹。正在和妈妈一起散步的莉莉看到后惊喜地叫了起来：“妈妈快看！彩虹！真漂亮啊！”

妈妈笑着拍拍她的肩膀，这时，莉莉忽然问道：“妈妈，为什么雨后会出现彩虹？”

“彩虹是因为阳光射到空气中的水滴里，发生反射和折射而产生的。在下雨时或者下过雨以后，空气中充满着无数小小的能偏折日光的水滴，当阳光经过水滴时，不但会改变前进的方向，同时被分解成红、橙、黄、绿、蓝、靛、紫七种颜色，它们就变成了我们所看到的彩虹。”

听了妈妈的解释，莉莉若有所思地点了点头。这时妈妈又紧接着反问了女儿一句：“你说为什么彩虹经常在夏天出现，冬天却很少见？”

莉莉皱着眉头想了一会儿，摇了摇头，问道：“妈妈，我想不出来，这是为什么呀？”

这时，妈妈说道：“咱们家不是有一本《十万个为什么》吗？那里面就有答案。不光这个问题，你的很多疑问都可以在那本书找到答案。”

莉莉高兴地说：“真的吗？那我回家要好好看书！”

有疑惑，才会有探索的动力；有探索，才会不断地产生学习的热情和积极性。这正是上述案例中的这位妈妈的高明之处，她虽然也为女儿解答了问题，但并没有让女儿就满足于现有的答案，而是继续给女儿制造疑惑，让她的探索一直延续下去。这样，女孩的学习欲望就会越来越强，而且也让女孩感受到了书籍的奇妙，引导女孩对阅读产生兴趣。

2. 在“好”与“坏”之间不断进行着拉锯战

到了 8 岁，女孩往往会觉得自己长大了。为了证明自己已经是一个大姑娘了，她们会更加努力地表现自己，希望得到别人的认可和肯定。而与此同时，她们又会表现出叛逆的一面，常常会违背家长的规则，挑战父母的耐性。于是，她们在“好”与“坏”之间不断地进行着拉锯战，行为也因此显得有些变化多端。

女孩之所以会有这两种截然不同的表现，是因为她们内心有一种矛盾心理。一方面，她们觉得自己已经长大了，渴望摆脱家长的约束，自由自在地生活；另一方面，她们仍希望家长能够像小时候那样爱她们、关心她们。这种自相矛盾的想法，使女孩一会儿表现得像乖乖女，一会儿又表现得非常叛逆。

其实，8–12 岁的女孩就是一个矛盾体，而且医为思想还不够成熟，她们根本不清楚自己的行为是对还是错，也不明白什么是好什么是坏。所以，家长们一定要引导她们，帮她们树立正确的价值观。

需要注意的是，在这个阶段，家长对女孩的看法，会影响到女孩对自己的看法。如果家长总是盯着女孩的缺点，动不动就批评和指责她，一旦发现她犯了什么错误，就揪着不放，那么，女孩不但不会改正自己的缺点，相反，她们的缺点会越来越放大，最后，她们甚至有可能变成一个满身都是缺点的孩子。

而如果家长能够及时地发现女孩的优点，并对其进行肯定，那么女孩也会把自己的目光放到这些优点上，她会变得越来越自信，越来越优秀。而且，在这种状态下，她很快就能形成正确的是非观，在“好”与“坏”之间，她会越来越倾向于“好”的一面。

3. 人际关系变得越来越复杂

8-12 岁的女孩，人际关系不再像 7 岁之前那样简单——只有爸爸、妈妈和她，她们开始摆脱这种以父母为中心的人际关系，更渴望与同龄孩子，尤其是与同龄女孩的交往。在这个阶段，女孩安全感的来源不再只是父母的爱，同龄人的友谊也是非常重要的一个渠道。

当然，在与小伙伴相处的过程中，女孩身上的女性弱点也会展现出来，尤其是当她们的友谊越来越深时，这些弱点会显露得更加淋漓尽致。比如，当两个“好朋友”在一起时，她们通常无法容忍第三个女孩的出现。一旦出现“第三者”，友谊很可能就会面临破裂。而且，这一阶段的女孩还不懂得友谊的真谛，所以，她们的“好朋友”时不时就会更换。在家长们看来，这一阶段的女孩的人际关系真是太复杂了。

其实，如果家长们能够对 8-12 岁女孩的交友心理进行了解，就会发现，其实她们的人际关系并不复杂。这一阶段的女孩虽然希望与外面的世界建立更多联系，但她们的内心是孤独的，友谊能帮助她们赶走这种孤独感，让她们感到温暖和安全。同时，在这个年龄段，她们对友谊的理解是非常狭隘的，她们希望自己的朋友只属于自己，不希望友谊被别人分享，所以，当其他人想要分享她们的友谊时，她们就会无法克制地产生一种嫉妒和怨恨的情绪。

很多家长会担心，如果女孩总是被嫉妒和怨恨的情绪所包围，性格会不会变得越来越奇怪。其实家长完全不必因此而忧虑，好朋友的“背叛”虽然会使女孩伤心，但一段时间后，她们还会继续寻找新的友谊，在找到新的友谊之后，她们就会把之前的怨恨忘到脑后。而且随着年龄的增长，女孩会对友谊有全新的理解，极少有女孩会把对某人的怨恨情绪带出童年。

当然，在女孩寻找友谊、与同龄人交往的过程中，家长也可以给予女孩一定的帮助。比如，当女孩因为友谊破裂而伤心时，家长们可以安慰她，让她更快地摆脱沮丧的情绪；当女孩还没有找到“最好的朋友”时，她需要家长的鼓励……但家长要注意的是，不要过多地介入到女儿的人际交往中。比如，对女儿的好朋友不友好、对女儿的好朋友妄加评论……这些都不利于女孩友谊的发展，而且有时还会引起她们的反感。所以，面对这一阶段女孩的交友情况，家长最正确的态度是顺其自然。

养育女孩小贴士

8-12 岁是女孩学习的关键时期

这一阶段的女孩发育加快，不管是生理上、心理上还是智力上的发育都比男孩要快得多。女孩的脑细胞得到迅速的更新和发展，海马趾异常活跃，大脑皮层和边缘系统发育趋于成熟。此时，女孩会表现出极大的学习热情和欲望。

这个时期的女孩是否能够掌握出色的学习技巧，为将来的学业打下良好的基础，将取决于父母的教育。

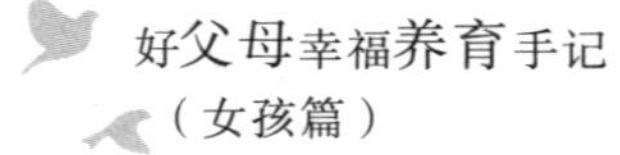

13-16 岁，青春期的向往与困惑

把握 13-16 岁女孩的特点：

- 已经出现了月经初潮
- 情绪变化多端
- 从家庭中游离，更热衷于同伴的友谊
- 性心理开始萌芽

很多家长都有这样的苦恼：原本活泼可爱的女儿，到了十二三岁以后，突然就变得大不一样了，有时兴高采烈，有时又会郁郁寡欢；有时乖巧温顺，有时又会刁蛮任性；有时大大咧咧，有时又会敏感多疑……其实，这所有的变化，都是因为女孩进入了青春期。

13-16 岁的女孩正处于青春期。到了这个阶段，女孩已经发育成亭亭玉立的少女了，她们的思想、心理，以及身体结构都发生了巨大的变化。首先是生理上的变化：身高、体重迅速增长，胸部开始隆起，腋毛、阴毛长出，骨盆变大，月经来临，各脏器如心、肺、肝脏功能日趋成熟，各项指标达到或接近成人的标准，形成女性丰满的体态……身体的变化逐渐引起了心理的变化，此时的女孩被莫名其妙的感觉困扰着，使她们常常陷入迷茫、困惑、复杂、矛盾、压抑的情绪状态之中。

对大多数家长来说，这个阶段的女孩既有“天使”的一面，又有“恶魔”的一面。家长们既为女孩的成长而欣喜不已，又因为担心她们会迷失自己、走弯路而感到焦虑。

事实上，家长们的确应该好好关注和教育青春期的女孩，“青春期”是女孩生理发育和心理发展急剧变化的时期，是童年向成年过渡的时期，也是人生观和世界观逐步形成的关键时期。如果得不到正确的引导，处于这个敏感时期的女孩很可能出现叛逆心理，甚至在别人的误导下做出一些过激行为，比如早恋、早孕、偷盗等。

要想正确引导女孩，家长们首先要了解青春期女孩的特点。

1. 已经出现了月经初潮

中国女孩的平均月经初潮年龄大约为 13 岁，因此，这个阶段的女孩大多已经出现了月经初潮，这是她们成长过程中的一个重要转折点。

不过，女孩对月经初潮的看法并不相同，有些女孩能正确看待这一正常的生理现象，并欣然接受它的到来，有些女孩却会因此而觉得羞耻。所以，家长们尤其是母亲，应该承担起向女儿进行性教育的责任，提前告诉女儿有关月经初潮的科学知识，给女孩打好“预防针”，让女孩做好相应的心理准备。

2. 情绪变化多端

青春期的女孩有着丰富、复杂而又强烈的情感世界，她们虽然想竭力控制、隐藏自己的情绪，但情绪波动仍然非常大，而且表现为两个极端——有时心花怒放、满脸春风，有时愁眉苦脸、阴云密布，甚至暴跳如雷。她们会为很小的一件事伤心不已，又会因为别人的一句赞扬而感到世界如此美好。当别人赞成自己的观点时会欣喜若狂，当听到反面的意见时又会反应激烈，非要辩出个你高我低。就像一首歌里所唱的：“女孩的心思你别猜，你猜来猜去也猜不明白，不知道她为什么掉眼泪，也不知道她为什么笑开怀……”

在这种多变的情绪影响下，女孩一旦遇到不满或不平之事，遇到挫折或对抗，很容易爆发突发式的情绪，尤其是在父母面前更容易失控。虽然在平静下来以后她们也会感到后悔，但下次再遇到类似的情形时，同样的一幕仍然会上演。

作为家长，要善于体谅女孩在青春时期的特殊情绪状态，体谅她们的困惑与不解，不要“硬碰硬”，而是要善于因势利导，帮助女孩顺利度过这个阶段。

有一位父亲是这样教育自己处于青春期的女儿的：

我的女儿萱萱，今年 14 岁，因为青春期的缘故，原本是乖乖女的她现在情绪波动非常大。为了不使我们之间的关系变得紧张，我给了她很大的成长空间。

具体到日常生活的细节上就是：

我心里虽然非常不喜欢她把自己的头发染成五颜六色，并在指甲上涂上各色指甲油，但我尽量试着不去计较这些事情，不过当女儿满口脏话时，我一定会坦率地告诉她这种行为不好；

我不介意她借妈妈漂亮的衣服穿，来满足自己小小的虚荣心，但如果她不小心把妈妈的衣服弄坏，那她就必须为这一行为负责；

……

所以，尽管萱萱的情绪很不稳定，有时脾气非常糟糕，但是她和我之间的关系仍然很好。

这位父亲的做法是值得借鉴的，与其因为女孩在青春期时的不理智行为而吵吵闹闹，不如体谅孩子，给孩子一定的自由，只去关注那些最重要的事情。

3. 从家庭中游离，更热衷于同伴的友谊

处于青春期的女孩，不再像小时候一样爱整天黏着父母，相反，她们开始渐渐地从家庭中游离出来，更多地与同伴一起交流、活动。和朋友们在一起时，她们总是无话不谈，形影不离，视友谊为至高无上，甚至为朋友两肋插刀在所不惜。

这些变化令很多家长很难理解，更难以接受，其实这是心理断乳的典型表现，只是发生得太快，大多数家长还没有做好心理准备。如果这时家长们对女孩进行束缚，只会把她们推向更远的方向，有的女孩甚至因此逃离家庭去投奔朋友。

因此，家长们不妨给女孩一些自由，让她们在与同伴的接触和交流中学会如何与人交往，在这个人生的关键时期感受更多的温暖。

4. 性心理开始萌芽

青春期是性心理萌芽期，这一时期的女孩开始关注起自己的形象，在意异性对自己的评价，并且尝试着与异性进行交往。然而，在交往的过程中，她们的心理是十分复杂的，一方面渴望接近对方，另一方面又很害怕被别人发现，结果交往过程变得神神秘秘、羞羞答答，反而显得别扭。

其实，她们所谓的交往，还不能算是真正意义的恋爱，只是彼此有共同的语言，喜欢一起交流和彼此欣赏。但是，因为表现的异样，往往成为同学们的谈资，令自己尴尬不已。有些女孩甚至产生了严重的心理负担，每天因为这件事而忧虑、烦躁，使生活和学习都受到了影响。

这就是青春期的苦恼。对待女孩的这种“早恋”行为，家长们一定要保持耐心和理智，在理解和尊重她们的前提下，引导她们分辨现实与理想，走出青春期的困境。

青春期的女孩像含苞待放的花蕾，正处在“开放性”和“封闭性”矛盾的关键期，这个时候也是最易出“状况”的时候，家长们一定要用亲情、友情和正确的科学教育方法，让女孩“安全”走过青春期。

养育女孩小贴士

如何与青春期的女孩进行沟通？

1. 情景渗透法

平时家长们可以充分利用电视、网络、报刊及生活中的情景，自然、恰当地对女孩进行青春期教育，也可通过讲述发生在朋友或同事孩子身上的故事影响她。

2. 书面谈心法

家长们可以用书信、邮件等写信的方式跟青春期女孩进行交流，也可增加当面难以启齿的内容。

3. 兴奋转移法

家长们应该注意培养青春期女孩健康的趣味，鼓励女孩学舞蹈、摄影、绘画、弹琴等，为她充沛的精力找到用武之地。

Part 3

怎样培养更优秀的女孩？

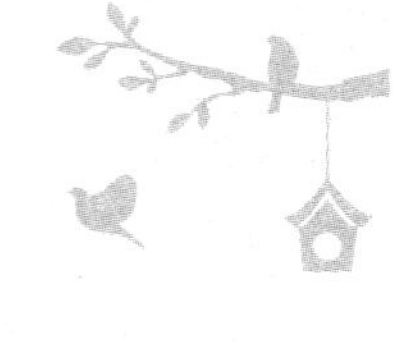

01

母亲教育，对女孩的成长至关重要

缺少母爱，让女孩的心灵产生缺口

母亲应及时弥补女孩的心灵缺口：

- 用一颗真诚的心，换取女儿的信任
- 用爱补回女孩缺失的亲情

关于母爱的重要性，老舍先生的一句话发人深省：失去了慈母便像花插在瓶子里，虽然还有色有香，却失去了根。的确，母亲就是女儿的根，是女儿汲取生命营养的源泉，如果缺失了母爱，纵使外边阳光再和煦、雨露再滋润，这花也必将会枯萎。

一位妈妈曾经这样倾诉自己的苦恼：

我的女儿今年14岁了，是个非常叛逆的小姑娘，脾气、性格都非常倔强。前一段时间，她做错了一件事，我很生气，大怒之下骂了她几句，并打了她两巴掌，没想到，这孩子竟然气得离家出走。我心急如焚地四处找她，最后发现她躲到奶奶家去了，还让她奶奶不要告诉任何人。

其实，我知道女儿变成这样，我有很大的责任。我和老公为了工作，在女儿刚出生没多久，就将她交给她的奶奶带，一直到女儿十来岁时才和我们住在一起。我和她奶奶的关系也不和睦，甚至是井水不犯河水，现在也没和她奶奶住在一起。所以从小被奶奶宠着长大的女儿，心中一直认为：爸爸妈妈从来都没养过我，是奶奶把我养大的……

女儿现在和我一点儿都不亲，现在她已经 14 岁了，但是在家里她什么都不做，就连她的内衣裤都是我帮她洗。她经常和一帮小青年去网吧里上网，甚至经常通宵不回家，平时她也不和我交流，等到要用钱了才和我们说说话。或许是觉得从小亏欠女儿的太多，所以只要她开口要的，我都会尽量满足她，希望能尽自己的一切力量去宠爱她。

我真的没有想到，我的尽心尽力竟然换来了这样的结果，现在我真的不知道怎么办了，我真怕有一天我要去监狱探望她！

心理学家认为，孩子出生的前 15 个月里，是最需要母亲的爱抚和帮助的。不要认为这是无关紧要的，要知道，每当母亲抱起女儿，为她换尿布、替她洗澡、给她喂食、对她发出会心的微笑，女儿就会感到自己是属于母亲的，同时母亲也是属于自己的。而除了母亲，世界上任何其他人无论怎样富于技巧，都不能给她这样的安全感。

女儿和母亲的这种与生俱来的脐带关系一旦被太早切断，女孩的心灵就会出现一个大大的感情缺口。这不但会让她变得空虚、叛逆，还会让女孩心理失衡，她时常会感到孤独、失望、忧虑，进而出现情绪低落、心浮气躁、性格孤僻、叛逆的现象。如果母亲不及时矫正女儿的这种心态，久而久之，就会使女儿性格扭曲，甚至心理变态，她一生的命运或许都会因此而改变。

母亲怎样才能弥补女孩的心灵缺口呢？

1. 用一颗真诚的心，换取女儿的信任

没有一个女孩的本性是“坏”的，她们之所以会在成长中出现各种各样的问题，是和父母的教育和亲疏关系相关的。因此，母亲要想女儿和自己变得亲密起来，就要不断创造和女儿交流的机会，用自己的真诚和毅力打动女儿。

> 李美华初中刚上了两年，就转了三次学，她对周围的一切都存有戒心，也没有什么特别交心的朋友。她的爸爸妈妈都在外地工作，根本无暇照管她的学业和生活，只是把她交给爷爷奶奶代为照看。直到有一次，李美华的妈妈接到派出所打来的电话，让她去领自己的女儿，她才意识到问题的严重性。于是，为了不让女儿继续走上弯路，李美华的妈妈狠心辞掉了工作，决定“痛改前非”，做一个称职的好妈妈，但是李美华并不领情，妈妈的出现对她来说不是“福音”，反倒像是“累赘”。
>
> 每天放学后，李美华不是回家躲进自己的房间，就是去附近的网吧上网。面对女儿有意的闪躲，李美华的妈妈决定用自己的真诚挽回女儿的心。于是，她开始每天都给女儿写交流感情的小纸条，像“女儿，你今天穿的衣服很好看”“妈妈一直想说，你睡着时的样子像个天使”“妈妈真傻，怎么会错失和你在一起的那么多美好的时光呢”，等等，有时贴在女儿的书桌前，有时贴在冰箱上，只要女儿经常能看到的地方，李美华的妈妈都会写上情真意切的话语。

渐渐地，李美华从气愤地撕掉妈妈写的纸条，到选择漠视，再到无意看上两眼，后来竟认真地读每一张纸条，到最后她开始选择用“纸条”和妈妈对话。虽然女儿还没有完全接受自己，但是李美华的妈妈已经感到很欣慰，毕竟女儿现在已经愿意跟她敞开心扉。

作为母亲，一定要相信自己的女儿，用一颗真诚的心来感动她。要相信，自己的女儿不是铁石心肠，纵然你们之间有很深的误会，也可以真诚相待，消除误会，建立彼此的信任。

2. 用爱补回女孩缺失的亲情

有人说，爱是一种特殊的“工作”，更是一种辛苦的“工作”。女孩需要母亲更多的爱与关注，而这也意味着母亲必须在女儿身上花费足够多的时间，因为对孩子的爱与关注在于陪伴，或许你需要持久的耐心去把注意力放在草地上打滚的3岁女儿身上，听6岁的小丫头讲不连贯的故事，听青春期的女儿给你没完没了地说她的“偶像”……这些有时可能会让你感到枯燥乏味，甚至令你疲惫不堪，但有一点是无法更改的——它意味着真正的母爱。

在一次为成年人开办的心理辅导课上，一位公司的女经理对老师讲出了自己的疑惑：“老师，为什么我在社交场合可以镇定自若地谈笑风生，和朋友聚会也可以天南地北地聊天，在企划会上也能自信地抛出自己的方案，但是在面对自我时，却不免会产生孤独、无助、寂寞的感觉。”老师询问了她的成长经历，才知道她刚出生半年，母亲就因病去世了，是保姆把她带大的。于是，老师告诉她，当孩子幼小的生命中缺少母爱时，她被关注的愿望没有满足，留下了不安全感，而这种不安全感会以潜意识留在平时无法觉知的心底，在灵魂里也留下了某个漏洞。

所以，母亲在与女孩相处时，最重要的一个原则是：一定要让女儿感受到你的爱。在女儿的幼年时期，如果必须和女儿分离一段时间，此时妈妈需要给女儿爱的保证，以及与之配合的实际行动。

养育女孩小贴士

不要做这 4 类妈妈

1.“手机妈妈”

如果妈妈一有空闲就拿着手机看个没完，就会缺乏与孩子一起做游戏、看书和带孩子到大自然中开展亲子活动的机会。这不仅会让妈妈失去许多和孩子沟通的机会，而且会影响到孩子，使得她们也从小喜欢各种电子产品，而不善于和人交流、沟通。

2.“无能妈妈”

孩子的好奇心和求知欲都非常强，她们希望从妈妈那里学到很多知识，从而满足自己天然的好奇心和求知欲。可如果妈妈总是一问三不知，就会令孩子感到非常失望。

3.“严厉妈妈”

过于苛刻的妈妈会让孩子畏惧，使孩子经常处于一种不自由、被束缚的状态。

4.“攀比妈妈”

如果妈妈总是把孩子跟“别人家孩子”比，孩子很容易反感，这样的做法对孩子独特个性的塑造和自信心都非常不利。

爱与陪伴，让女孩拥有充足的安全感

不同时期，母亲的角色也是不同的：

- 0-7 岁：关注女孩的生活，多给女孩一些陪伴
- 8-12 岁：让女孩多和父亲在一起
- 13-17 岁：信任和尊重，让女孩更好地成长

一提起“妈妈”这个词，很多人马上就会想起这样一首歌：“世上只有妈妈好，有妈的孩子像块宝，投进妈妈的怀抱，幸福享不了……”然而，并不是每一位女孩都能深刻理解其中的意思，她们常常会发问：“为什么有妈妈的孩子像块宝呢？”

而妈妈们用自己的实际行动对这个问题做出了回答：

当女孩回到家中大喊“妈妈”时，妈妈总是以温柔的声音来回应她，并关切地询问她这一天过得如何；

当女孩因为遇到挫折而伤心流泪时，妈妈总是会第一时间出现在她的面前，陪在她的身边，并用温暖的拥抱给她安慰；

当女孩想与人交流、沟通时，妈妈再忙，也会停下自己手中的事情，认真地倾听她的心声，并给她提供一些好的建议；

当女孩远离家乡独立生活时，最牵挂她的是妈妈，在电话里，妈妈总是嘘寒问暖，生怕女孩不好好照顾自己；

……

于是，女孩们渐渐懂得了：当她感觉悲伤时，妈妈就是她的倾听者；

当她烦恼忧愁时，可以向妈妈诉说；当她心中满怀委屈时，妈妈会给她安慰和鼓励；当她脆弱无助时，妈妈会在她的身边陪伴。妈妈是女儿最值得信赖的依靠，人们都说女儿是妈妈的贴心“小棉袄”，其实，妈妈也是女儿的贴心“小棉袄”。

不过，母亲与女儿的关系是会随着女孩年龄的增长而发生一些变化的，妈妈所扮演的角色也因此需要有所调整。

0-7 岁：关注女孩的生活，多给女孩一些陪伴

对于大多数妈妈来说，对女孩的早期教育通常是充满矛盾的，当女孩渐渐有了各种感觉，并对外部世界充满探索欲望时，妈妈们就会在鼓励与批评、保护与限制、称赞与骄纵之间左右为难。而这个时期的女孩通常对妈妈比较依赖，所以妈妈此时对待她的态度和行为，对她以后的人生起着至关重要的作用。

因此，在这一阶段，母亲应该多陪陪女孩，让她从母亲的爱中获得足够多的安全感，这样，在她以后的人生道路上，才会有源源不断的正能量支撑着她一直走下去。除此之外，母亲也不妨多和父亲共同讨论某些重要的话题，比如电视的限制、孩子的玩具、孩子的精神生活、儿童护理、如何处理工作等。

8-12 岁：让女孩多和父亲在一起

这一阶段的女孩已经拥有了一定的探索学习能力、组织领导能力和创造能力，但是这个阶段的女孩更喜欢和父亲在一起，而且不喜欢待在家里陪母亲做家务，更喜欢到室外参加一些男孩子爱玩的活动。自然，这个阶段母亲会有一种被女儿“疏远”的感觉，甚至会嫉妒女儿和父亲的“好感情”。

其实，母亲不必太介意，要知道这个阶段女孩并不是真的和她“感情疏远”，而只是在表现出她也有男性特点的一个侧面，母亲应该给女儿一些时间，让她和父亲或家中重要的其他男性成员在一起，这有利于让女孩学会如何与男性相处。

13–17 岁：信任和尊重，让女孩更好地成长

这一阶段，女孩逐渐进入了青春期，无论是生理上还是心理上，都会发生很多变化。面对着这些变化，女孩往往会感到惊慌失措，产生很多心事，甚至还会变得越来越叛逆。

因此，在这个特殊的阶段，母亲一定要谨慎行事。面对已经渐渐拥有自己独立性格的女儿，母亲要学会信任和尊重自己的孩子，帮助女孩走出迷茫、战胜自卑，学会独处并广泛而谨慎地交友，引导女孩与异性交往。同时，多与女孩交流、沟通，理性对待女孩的叛逆，做女孩的好听众而不是爱唠叨的妈妈，给女孩一点儿私密空间，用真诚和更多的爱打开女孩紧闭的心扉。更重要的是，在性问题、与异性如何相处等青春期问题上，母亲要早日做好“功课”，这样才能及时提醒和教导女孩。

从女孩出生到她成年的这一段时间，母亲都像“贴心的小棉袄”一样，给予她最宽广、最无私的母爱。需要注意的是，母爱不仅仅是一个拥抱、几句甜言蜜语，有时爱也要讲究技巧，母亲理智的爱才会让女儿健康成长。

如果母亲过于盲目和缺乏理性地爱孩子，只是一味地想着怎样给孩子提供更好的物质生活，而忽略了女儿成长所需要的独立自主发展的空间，就会使女儿养成了凡事依赖父母的习惯，这样造成的后果就是：一旦女儿离开父母的“保护圈”，她会因为顿失安全感而变得无所适从。

文学家丁玲的母亲对她的教育之道，值得我们学习：

丁玲的母亲蒋胜眉对女儿从来都不娇宠溺爱。她非常重视对丁玲的教育，亲自教女儿读《古文观止》《论语》《孟子》。在母亲的影响下，丁玲从小博览群书，打下了深厚的文学基础。

1918 年暑假过后，丁玲向母亲提出一个要求，希望转学到长沙周南女子中学去。这所女子中学是湖南有名的学校，向警予、蔡畅都是从这所学校出来的。五四运动期间，这所学校也很活跃。丁玲的母亲一直都非常信任和支持女儿，只是这所学校是私立的，要学费、膳宿费、书籍纸张费，这在自己微薄的薪金中自然是笔不小的支出。但是考虑到女儿的前途，她仍然答应了女儿的要求，并亲自送女儿去长沙。

1922 年春节，丁玲应王剑虹之约准备去陈独秀、李达等创办的上海平民女校学习，舅舅出面粗暴干涉，他要求丁玲再过半年毕业后与表哥结婚。丁玲的母亲却支持女儿，她认为孩子求知识，找出路，要学最切实的学问，是正确的。为此，家庭内部还闹起了一场纠纷。最终，丁玲摆脱了包办婚约和其他纠缠，放弃了即将拿到手的毕业文凭，于 1922 年春天来到上海，在这里接受了中国共产党的教育。她把名字改为冰之，废姓以蔑视传统意识。

聪明睿智的妈妈会既让女儿感受到她发自内心的关爱，又让女儿学会如何独立生活、如何自己解决困境、如何在社会上更好地生存。

有人说，推动世界的手，是摇着摇篮的手。一个家庭，即便是家徒四壁，只要有一个正直、勤劳、善良、乐观的母亲，这样的家庭就是心灵成长的圣殿和源泉。母亲对孩子的爱，是一股永不间断的力量，将持续影响孩子的一生。

养育女孩小贴士

母亲每天应该问女孩的4个问题

1. 学校有什么好的事情发生吗？——调查女孩的价值观，了解她心里面觉得哪些是好的，哪些是不好的。

2. 今天你有什么好的表现？——激励女孩，帮助女孩提高自己的自信心。

3. 今天你有什么好的收获吗？——让女孩回想一下自己这一天学到了什么。

4. 有什么需要妈妈帮助的吗？——两层含义：一是我很关心你，二是学习是你自己的事，别人只能帮你，但不能代替你。

做好榜样，给女孩积极的影响

母亲应该给女孩这些积极的影响：

- 母亲要提高自己对生活的满意度
- 用自己的思想和品德去影响女孩
- 教女孩学会有条理、有节奏地生活
- 教给女儿感知幸福的能力

生活里，我们常常会听到有些人这样说：

“真是有什么样的妈，就有什么样的女儿。”

“你简直和你妈一个样！”

“你怎么老学你妈的样子？”

的确，无论女孩们是有意还是无意，她们中的大多数都会把自己的母亲当作模仿对象，到最后，她们身上的很多行为、特点都跟母亲相似。

有一位母亲曾在日记中写道：

> 有一天，女儿走到我的面前说：“妈妈，我讨厌自己长成这个样子，太丑了！”我没想到女儿竟然这么憎恨她自己的容貌，于是马上对她说：“宝贝，你怎么会有这种想法呢？你都不知道你长得有多可爱多漂亮。”她明显不相信地摇摇头，对我说：“妈妈，每个人都不喜欢自己的样子。我每天看你照镜子时，发现你对着镜子总是皱眉头，表现出一脸不满意的样子，好像厌恶着什么。”
>
> 听完女儿的话，我隐隐觉得有些不对，当下次再照镜子时，我仔细观察了一下自己的表情，发现女儿的话是正确的，当我看见自己发黄的皮肤、略显单调的头发、有些肥肥的双下巴时，我的确表露出不满的表情。

其实，女孩在日常生活中，通过和母亲接触的各个细节，就能感受到母亲所传递的对于女人、男人、自我，以及生活的一些观念。

母亲在生活中的一些细节，决定着女儿的生活习惯：

· 母亲在家中的地位，决定着女儿将来在她的家庭中的地位；

· 母亲是事业女强人还是以家为重的贤妻良母，决定着女儿将来如何处理自己的事业和家庭；

· 母亲对婚姻的观点，直接影响着女儿的恋爱观、婚姻观；

·母亲是否善良、是否乐观自信、是否有主见……决定着女儿将来的个性和品德；

……

教育专家将母亲对女儿的影响归结为三个方面：品德、习惯、爱情观。这是多么重要的几点，关乎着女孩未来的幸福与成功！因此，为了保持健康的母女关系，也为了塑造个性健康的女儿，母亲要清楚地了解自己，明白自己在不同家庭成员面前所担任的角色。比如，在自己的母亲面前是谁，在自己的丈夫面前是谁，在自己的女儿面前是谁，在朋友面前是谁。在清楚地明白自己的角色定位之后，母亲还要做出合理、恰当的举动和处理事情的方法，成为女儿人生最佳的“典范”。

那么，作为母亲，要如何给女儿最积极的影响呢？

1. 母亲要提高自己对生活的满意度

母亲是女孩的第一个榜样，母亲的生活态度、生活方式，都会对女孩产生非常大的影响。有一些母亲因为生活中的一些小事总爱抱怨，总是对自己和自己的生活表现出不满的情绪，她们没有意识到，自己的这种负面情绪很快就会传递给自己的女儿。

7岁的文文不但是个“小唠叨”，而且经常抱怨，这让她的妈妈实在想不通是怎么回事。于是，妈妈特意把爸爸叫到了书房，和爸爸谈起了女儿的事情：“你觉不觉得女儿越大越奇怪，小小年纪不但话很多，而且常常抱怨这抱怨那，一会儿说我做饭不好吃，一会儿怨我没有给她洗干净衣服，这孩子不会这么早就进入青春期了吧？”爸爸无奈地看了妈妈一眼，说：“女儿变成这样，还不都是因为你！”

妈妈瞪大双眼说：“这和我有什么关系？”

爸爸说：“怎么和你没关系？你想想看，自己平时是不是总爱唠叨，经常在女儿面前说我不帮你料理家务，又说我懒散，而且不是抱怨水费贵，就是抱怨物价涨，好像在你的身上就没有发生过什么好的事情。女儿整天和你在一起，耳濡目染之下总会影响到一点，她现在变成这样，活脱脱就是你的翻版。”

有一项调查显示：母女关系的好坏，很大程度上取决于母亲对生活的满意度，而且母亲对生活的态度会直接影响女儿对生活的态度。所以，为了使母女关系和谐、使女儿更加健康地成长，妈妈们最好停止自己的唠叨和抱怨，以一种积极乐观的心态对待生活中一切，提高自己对生活的满意度。

2. 用自己的思想和品德去影响女孩

母亲送给女儿最好的人生礼物就是美好的品德。如果母亲善良、勇敢、坚韧、富有爱心和同情心，那么她的女儿通常也会模仿着这种良好的行为。所以，作为母亲，一定要用自己高尚的思想和行为去影响女孩。

商界女强人王雪红就深受母亲所表现出来的美德的影响：

王雪红身上有一股坚韧、不服输的精神，这正是源于母亲杨娇潜移默化的影响。王雪红曾深情地谈到：母亲是我一生之中最重要的人，也是影响我最深的人。

杨娇与王雪红的父亲王永庆曾经共同经历了人生最穷困的创业时期。然而，等到王永庆的事业步入辉煌之后，她却不得不接受另一个残酷的事实：丈夫决定再娶一房太太，自己要与其他女人分享丈夫。

杨娇虽然外表温顺，但内心十分倔强，对于这件事，她很伤心，但是也无法改变王永庆的决定。1975 年，50 岁的杨娇决定放手，离开深爱的丈夫，去美国开始新的生活，当时她的身上只带了 3000 美元。

刚到美国的日子，艰苦程度自不必说，但杨娇一直在为适应美国的新生活而努力。五十几岁的她不仅尽自己所能照顾好家人，还坚持每天走半小时，到伯克利大学的成人学校学习英语。62 岁时，杨娇还考了汽车驾照。她在美国认识了很多朋友，有了自己的人际圈子，并实现了自力更生。

杨娇的坚韧与顽强，深深地影响了王雪红，她成功地把“自立”这两个字的精神完完全全地浇灌到了女儿的血液中。

杨娇过世之后，王雪红每每回忆起自己的母亲，都忍不住流泪，“妈妈，谁能像你那样，告别一个亿万富翁的生活，只身到美国重新开始？从你身上我学到的就是，任何时候我都不怕从头再来”。

3. 教女孩学会有条理、有节奏地生活

行为学家曾做过一项调查问卷，内容主要是针对女孩的生活出现脏乱差及没有条理性等问题。结果显示，在众多的原因中，“来自母亲的不良榜样作用”的比例占 82%。可见，母亲的日常行为习惯对女儿的影响是多么大。因此，要想培养女儿良好的生活习惯，母亲首先要培养自己的良好习惯，然后用自己的真实行动影响并赋予女儿一个有条理、有节奏的生活。

4. 教给女儿感知幸福的能力

因为母女间存在着一种特殊的脐带式关系，母亲与女儿之间仿佛天

生就能心意相通。妈妈感受到了什么，女儿同样会心有灵犀地感觉到。如果一位母亲总是感觉生活很美好、很幸福，那么，这种幸福感也会在潜移默化中传递给女儿。

一旦女孩对生活抱有一种满意和感恩的态度，那么她就会忽略掉生活中的烦恼和忧愁，从而更多地去体会和享受生活中美好、积极、向上的一面。这样，女孩不容易被那些不良的情绪所拖累，会生活得更轻松、洒脱。

所以，作为母亲，要多引导女孩看到幸福的每一个瞬间，让女孩拥有感知幸福的能力。比如，妈妈可以这样对女儿说：“为什么感到不幸福呢？你看看，今天的天气多好啊，出去走走，心情是不是很好？暖暖的阳光照在身上不是一种幸福吗？你再想想，每天早上妈妈给你做早餐，爸爸送你上学，你不高兴吗？难道你没有感觉到幸福吗？……”

这种幸福的感觉一旦在女孩的潜意识里扎下根，必将引领她们走向更加美好的人生。

养育女孩小贴士

母亲影响孩子一生的 4 大特质

1. 较强的忍耐力。
2. 努力和孩子进行心灵交流。
3. 了解为孩子带来快乐的方法。
4. 富有独特的感受性。

02

父亲的爱，影响女孩一生的幸福

父爱缺席，让女孩提早进入青春期

在女孩教育上，父亲应该这样做：

- 父亲要给予女孩支持和鼓励，做她“最坚强的后盾”
- 父亲要努力做女儿“最值得信任的朋友”

在传统观念里，养育孩子似乎主要是母亲的责任，父亲的角色往往是缺席的，甚至有很多父亲自己也会认为，自己在养育孩子的过程中起到的作用不大，他们更愿意当一个“旁观者”。那么，在女孩的成长过程中，父亲真的不重要吗？

答案当然是“不”！

心理学上的一项研究表明：父亲与女儿关系的好坏，会对女儿进入青春期的早晚产生很大的影响。如果父女关系好，女儿进入青春期的时间就会比较晚；一旦父女关系差或感情缺失，女儿进入青春期的时间就会比其他人早很多。

13 岁的茜茜是一个早熟的小姑娘，她不太喜欢和同龄的小伙伴们一起玩耍，而是更愿意跟着一些年纪比她大的男孩玩耍。茜茜之所以这样，是因为她的父母关系不和，经常在家里吵架，父亲因此不爱待在家里。和那些大男孩待在一起，她会感觉到一种安全感。

茜茜上小学时，茜茜的爸爸就觉得女儿有早恋倾向，但因为平时和女儿交流不多，也不知道面对此种情况应该采取什么样的办法，所以只能是看在眼里，急在心里。有时，茜茜爸爸一着急，就对女儿责骂起来，让她不要和那些比她年龄大又不爱学习的男孩一起玩，没想到茜茜不但不听，反而和那些大男孩的关系越来越近。

青春期的到来，对女孩来说，是一个“分水岭”。一般来说，与父亲不亲近甚至关系糟糕的女孩，在容易叛逆的青春期会早早地产生离开父母从其他人那里寻找安全感的想法。在她们看来，从父亲这里得不到的温暖、理解与亲密，在其他异性那里能得到弥补。而与父亲关系亲近的女孩，并不急着离开温暖的家庭，更不想过早地去面对在她看来有些危险的世界。

父爱缺席，不但会使女孩提前进入青春期，也会令女孩更容易产生一种强烈的自卑感。因为女孩在潜意识里是非常渴望得到父亲的肯定和认同的，如果父女关系比较疏远，女孩会认为是因为自己不够优秀，或者自己在某方面做得不够好，于是自卑的种子就在她的内心深处不断萌芽、成长，直到她完全丧失自信。

一位女孩的父亲曾经有过这样一段经历：

我的女儿6岁了，是大家公认的乖巧小姑娘。然而，奇怪的是，每次在我身边时，她总是表现得非常调皮和搞怪。比如，每天晚上当我在书房看书时，她就会很大力地推开我书房的门，然后大声地打断我说："爸爸，妈妈说让你帮我找一本书看。"其实，她的小人书都在书房书柜的最底层，她自己完全可以找到，但她就是想扰乱我，让我注意到她。

我把女儿最爱看的故事书递给她，然后坐回书桌前想要继续看书时，女儿却把她手中的书举到我面前说："爸爸，你给我讲里面的故事。"

"宝宝乖，爸爸在看书，你让妈妈给你讲，或者待会儿爸爸再讲给你听。"我敷衍着说。

谁知，女儿小嘴一撇，委屈地说："爸爸撒谎，每次都这样说。我不，我就要你现在给我讲！"

我觉得小丫头特别不听话，有些胡搅蛮缠，于是脸色一沉，口气不好地说："你怎么这么不听话，没看见爸爸在忙吗！出去找妈妈去！"说完，我就把女儿推出了门外。后来，我听了一个亲子关系的讲座，才知道自己当初的做法对女儿是多么大的伤害。

女孩天性比较敏感，她们渴望来自父母的关注，在小的时候，更是把父亲看作无所不能的"英雄"，所以她们特别渴望能够得到父亲更多的注意和爱护。一旦父亲和女儿的关系变得疏远，女儿就有可能开始怀疑自己的能力，进而性格大变。

父亲是女儿脆弱心灵的一座山，这座山不仅要能为女儿的物质生活提供保障，更要能给女儿她所需求的关爱。所以，父亲一定要多陪伴女儿，给她一个纯真、快乐、自信的童年时光，让她健康地成长。

1. 父亲要给予女孩支持和鼓励，做她“最坚强的后盾”

一天放学后，8 岁的小怡哭着回家了，刚一走进家门，她就跑到爸爸的身边难过地说：“爸爸，王芸芸和珠珠她们欺负我！”爸爸看着伤心的女儿，不解地问：“王芸芸和珠珠不是你的朋友吗？她们怎么会欺负你呢？”

小怡抽抽噎噎地说出了事情的经过：原来小怡天生有些男孩子性格，看起来就像个“假小子”，玩游戏时，女生都嘲笑说她是“男孩子”，不愿意和她一起玩，男生们也不愿意跟她玩，而她的好朋友王芸芸和珠珠这时也没有站在她这一边，所以她觉得朋友们都不喜欢她，甚至讨厌和她一起玩游戏。

听完女儿伤心的哭诉，爸爸拍拍她的肩膀，笑着说：“我的女儿怎么会是‘假小子’呢？只不过是不像其他女孩那样娇娇滴滴，爱撒娇罢了，而且我的女儿性格开朗，爱说爱笑，还很勇敢呢，将来一定有所作为！”

小怡有些不确信地看着爸爸问：“爸爸，你说的是真的吗？”

爸爸故意装作生气的样子说：“爸爸什么时候骗过你！”

爸爸的话给小怡注入了很多的勇气，从那之后，她渐渐变得自信、乐观起来。渐渐地，她发现她的朋友也根本没有不理她，相反还非常喜欢和她做朋友。

女孩很注重人与人之间的关系，在成长的过程中难免会遇到人际交往中的各种问题，稍微处理不慎的话，就会让女孩怀疑自己，怀疑人与人之间的感情。而来自爸爸的支持和肯定，会让她重新审视自己，换另一个角度看待遇到的问题，进而变得理智、自信和坚强。

2. 父亲要努力做女儿“最值得信任的朋友”

在中国的传统观念里，父亲在家庭中通常扮演的角色是“权威”“经济支柱”“主导者”“主心骨”，而非“女儿最要好的朋友”。相比较女孩而言，父亲似乎更容易和儿子打成一片，做他们的“好哥们”。而实际上，女孩也非常希望父亲能做自己最好的朋友。

有一位父亲曾经因为女儿的教育问题而伤透脑筋：“从我有了孩子之后，我一直认为‘养不教，父之过’，为了让女儿走正道，我几乎随时随地纠正和教育女儿，我认为这是我作为父亲的最重要的责任。然而，我没想到的是，我的教育竟让女儿觉得我是‘敌人’，现在我真的不知道问题究竟是出在了哪里。”而他 13 岁的女儿却是这样说的：“我的爸爸似乎一点儿也不爱我，甚至我认为他从来都没有爱过我，在他眼里，我没有做对过一件事情，从头到脚都是毛病，而我的存在也使他没有了快乐。”

可见，对于一个父亲来说，如果他只是将对女儿的教育当成是一种无法推卸的责任和义务，那么他将会忽视对女儿的爱，也将很少与女儿沟通，而这往往会激发女孩的逆反心理，让她对心中渴望的父爱产生失望感。

其实，父亲要想成为女儿的朋友并不是一件难事。父亲应该及时调整自己的心态，不要过度维护自己的权威，平时不妨把自己的威严降低，真正用一个成熟男性的理性、睿智、宽容和慈爱来打动女儿的心。

除此之外，父亲还要不断地与女儿进行真诚、有效的沟通，尊重和信任自己的女儿，用鼓励和肯定来奠定自己在女儿心中的位置。

养育女孩小贴士

父亲在女孩教育上应该扮演3种角色

角色1：军师

当女孩在生活中遇到困境或者产生迷茫时，父亲应该及时化身为巧妙化解难题的“军师”，给她提供一些好的建议，这样女孩再遇到问题就会更愿意向父亲求助。

角色2：玩伴

在女孩小的时候，父亲可以参与到女孩的玩耍中，和女孩一起玩游戏，等女孩稍大些，可能不再希望父亲参与到自己的游戏中，这时父亲要保证随时在女孩能够“找得到”的地方。

角色3：跟班

所谓的“跟班”，不是让父亲整天跟着女孩、“监视”女孩，而是在适当的时候，让女孩在一些日常生活小事上为父亲“做主”，让她学着“照顾”父亲。

优秀的女孩，背后都有一个好爸爸

父亲在女孩成长过程中会起到这样的作用：

- 父亲是女孩心中最初的男性形象
- 父亲能影响女孩的性格
- 父亲会影响女孩的女性气质

父亲的爱与陪伴，对女孩的一生会产生深远的影响，甚至直接决定了女孩一生的幸福与否。

有一位婚姻失败、事业也不顺的女性是这样讲述自己的父亲的：

我的父母关系不和睦，从我很小的时候，他们就每天吵架，原因是我的父亲酗酒，每天喝得醉醺醺的，而且喝醉了还会打我的母亲。每次看到母亲被打得鲜血淋漓的样子，我总是非常害怕，但我太小了，无能为力，只能缩在角落里瑟瑟发抖。那时我最希望的事情，就是他们能赶紧离婚。那些日子里，虽然我学习成绩优异，但是内心深处非常胆怯、自卑。工作后，有人接近我，我总是害怕，认为他会伤害我……直到现在，我还恨我的父亲，如果不是他，我的人生一定会是另外一种可能。

而著名文学家、翻译家杨绛，却是这样回忆自己的父亲的：

我跟着父亲的时候居多。他除非有客，或出庭辩护，一上午总伏案写稿子，书案上常放着一叠裁得整整齐齐的竹帘纸完稿纸用，我常拣他写秃的长锋羊毫去练字。每晨早饭后，我给父亲泡一碗酽酽的盖碗茶。父亲饭后吃水果，我专司剥皮；吃风干栗子、山核桃等干果，我专司剥壳。中午饭后，“放焰口”完毕，我们小鬼往往一哄而散，让父亲歇午。一次父亲叫住我说：“其实我喜欢有人陪陪，只是别出声。”我常陪在旁边看书。冬天只我父亲屋里生个火炉，我们大家用煨炭结子的手炉和脚炉。火炉里过一时就需添煤，我到时轻轻夹上一块。姐姐和弟弟妹妹常佩服我能加煤不出声。

有一次寒假里，父亲歇午，我们在火炉里偷烤一大块年糕。不小心，火夹子掉在炉盘里，年糕掉在火炉里，乒乒乓乓闹得好响。

我们闯了祸不顾后果，一溜烟都跑了。过些时偷偷回来张望，父亲没事人似的坐着工作。我们满处找那块年糕不见，却不敢问。因为刚刚饭后，远不到吃点心的时候呢。父亲在忍笑，却虎着脸。年糕原来给扔在字纸篓里了。母亲知道了准会怪我们闹了爸爸，可是父亲并没有戳穿我们干的坏事。他有时还帮我们淘气呢！

记得有一次也是大冬天，金鱼缸里的水几乎连底冻了。一只只半埋在泥里的金鱼缸旁边都堆积着凿下的冰块。我们就想做冰淇淋，和父亲商量——因为母亲肯定不赞成大冬天做冰淇淋。父亲说，你们自己会做，就做去。我家有一只旧式的做冰淇淋的桶，我常插一手帮着做，所以也会，只是没有材料。我们胡乱偷些东西做了半桶，在“旱船”（后园的厅）南廊的太阳里摇了半天。木桶里的冰块总也不化，铁桶里的冰淇淋总也不凝，白赔了许多盐。我们只好向父亲求主意。父亲说有三个办法：一是冰上淋一勺开水；二是到厨房的灶仓里去做，那就瞒不过母亲了；三是到父亲房间里的火炉边摇去。我们采用了第三个办法，居然做成。只是用的材料太差，味道不好。父亲助兴尝了一点点，母亲事后知道也就没说什么。

可见，一个父亲是否合格，是否经常陪伴女儿，是否给女儿正面的影响，是至关重要的。大多数优秀的女孩，背后都有一个好爸爸。

从女孩呱呱坠地的第一声啼哭开始，父亲的爱就为她敞开了一片广阔而深厚的世界，她需要从父亲那里汲取能量、获得支持与理解，而父亲也为她提供了充足的信心和尊重。正如罗兰所说：“当我们在一些难关面前停顿下来的时候，他总是会说：‘你会把它弄好的！凭你的聪明，这点小事是难不倒你的！’而我们往往就因为父亲这句话，奇迹般把本来弄不好的东西弄好，对本来视为畏途的工作发生兴趣。”

那么，女孩能从父亲的世界里得到哪些足以影响她整个人生的东西呢？

1. 父亲是女孩心中最初的男性形象

父亲是最早出现在女孩生命中的男性，一个女孩对男性的最初印象正是源于她的父亲。父亲所树立的男性形象，会影响到女孩对男性的认知，父亲既能指引女孩对男性建立正确的认识，也有可能错误地引导她，使她无法客观地看待男性，甚至在与男性交往的时候感到困惑迷茫，不知所措。如果说女孩与母亲之间的紧密关系带给女孩的是亲密的体验和情感的支持，那么女孩与父亲之间的关系则帮助女孩了解应该如何与异性相处，以及如何维持异性间的关系。

好的父亲会为女孩树立一个良好的男性标准，他能给予女孩积极的影响，让女孩懂得男性的坚强、承担、勇敢、锐意进取，让女孩获得足够的安全感和幸福感。如果一位父亲能真诚地面对女儿，充分表现出自己的男性精神，那么，女孩就能学会尊重男性，平等地对待男性，并且在她以后的人生道路上，她也会更青睐那些尊重她、能给予她平等对待的男性，远离那些轻视她、有可能伤害她的男性。

2. 父亲能影响女孩的性格

女孩通常和母亲朝夕相处，因此，母亲对女孩的影响往往是生活层面的，而父亲对女孩的性格塑造却会起到关键的作用。

父亲对女孩的方式与母亲是大不一样的，他通常不会喋喋不休，更不会花很长的时间和女儿待在一起，也正是因为这样，父亲的赞扬和肯定在女儿看来显得特别重要。父亲的关注和表扬有助于抑制女儿对母亲的过度依赖，同时也会使女孩变得越来越自信、乐观、积极向上。尤其是在女孩的青春期，父亲的赞美就是女儿最有利的“强心剂”。

3. 父亲会影响女孩的女性气质

尽管女孩所具备的女性气质需要一生的锤炼和塑造，但是她们早期与父亲的沟通与互动，却会深深地促进或影响到其女性气质的发展。如果父亲对女孩的女性气质表现出足够的欣赏，比如，当女孩换了一件新衣服、做了一个新发型时，如果父亲的态度是赞美和鼓励的，那么，她就会备受鼓舞；而如果父亲毫无反应甚至给她负面评价，那么，她就会十分沮丧，甚至在以后的日子里都羞于打扮自己。

由此可见，父亲是影响女孩的生活、事业与婚姻的重要因素，女孩将从父亲那里了解到权力、能力、坚强、冒险、人际关系、劳动、自尊、自信等，而父亲要做的是永远不要在情感上和自己的女儿拉开距离，要让女孩永远感觉到父亲是能为她遮风挡雨的大树，能在她最迷茫的时候做她的指路明灯。

养育女孩小贴士

父亲影响女孩的特殊气质

美国密歇根大学曾经进行了一项长达五十年的调查，这项调查的主题是：良好的父亲教育对于女儿的智力发展、情感形成及身体的健康具有怎样的影响。

调查的结果显示：

43% 的女孩，更多从父亲那里感染和继承了艺术天赋。

53%的女孩成年后回忆，她们在父亲那里获得了更为丰富的知识，尤其是历史、自然科学及国际关系等女孩子通常不感兴趣的学科。

63%的女孩，因为在童年时得到父亲的关爱，长大后遇到挫折时心理自愈能力更强。

69%的女孩，认为自己的自信心更多来自父亲的赞扬与鼓励。

人生不同阶段，给女孩不同的教育

不同阶段，父亲要调整自己的教育方式：

- 婴幼儿阶段：多花点时间来照顾和关注女孩
- 童年阶段：多和女孩在一起，建立亲密的父女关系
- 青春期：信任与理解，让女孩轻松度过叛逆期

随着女孩逐渐长大，父亲心中的困惑与不解也会与日俱增：

父亲想多和女儿说说话、聊聊天，女儿却蹦蹦跳跳地跑到妈妈的怀里。

父亲想保护自己的女儿，然而女儿却总是甩开父亲的手。

父亲想与女儿一起出去散散步，女儿却摇摇头，说："我已经和同学约好了一起出去玩！"

父亲盼望着有一天能有一个男孩给女儿幸福，却又害怕这一天的到来。

……

这些困惑与迷茫，常常让父亲在教育女孩时感到不知所措，甚至有一些父亲因此忽视了对女孩的引导和约束。其实，作为父亲，之所以会产生这样的困惑，一个非常重要的原因在于，不了解女孩在不同的人生阶段所表现出来的不同特点。

其实，人生的不同阶段，父亲应该给女孩不同的教育。

婴幼儿阶段：多花点时间来照顾和关注女孩

当女孩处于婴幼儿阶段时，大部分父亲对如何照顾女孩往往会表现得非常迷茫，也正因为如此，我们常听一些父亲这样诉苦：

> 我女儿两岁了，每次看到妈妈时，她都会高兴地扑过去，“妈妈”“妈妈”地喊个不停，小胳膊、小腿也扑腾个没完，真是可爱极了。每天她都会腻在妈妈的怀里，无论妈妈干什么，她都跟在后面。可是，奇怪的是，她对我却没有这么热络，每次我想抱抱她，她不是扭来扭去，就是扑腾着小脚丫试图马上挣脱我。这是为什么？

其实，答案很简单：婴儿期的女孩之所以更喜欢黏着妈妈，是因为妈妈是她的主要照顾者，她对妈妈的面孔、声音都非常熟悉，所以对妈妈有一种独特的依赖和喜爱。而爸爸做这些事相对较少，甚至有些爸爸从来就没有在生活上照顾过女儿，因此，生来就比较敏感的女孩对父亲自然会生疏一些。

所以，在这一阶段，父亲要多向母亲们学习，进入到女孩的世界里。在日常生活中，多照顾女孩，比如多承担一些换尿布、喂奶、抱孩子的工作，多陪陪女孩，多与女孩相处，让女孩感受到来自父亲的满满的爱。

有些父亲会说：“为了养家糊口，我只能每天辛苦工作、不停地加班，哪有时间做这些事？”其实，父亲虽然不能像母亲那样长时间地照顾、护理女孩，但如果能保持经常这样做，也会大为促进与女孩的关系。付出与收获是成正比的，多抱一抱孩子、多陪一陪孩子，收获到的，是孩子全心全意的爱与依恋。

童年阶段：多和女孩在一起，建立亲密的父女关系

到了童年时期，女孩会逐渐脱离母亲的怀抱，这时，她对父亲的世界产生了兴趣，更渴望与父亲接近，父女之间的关系也因此进入了一个更为亲密的阶段。

有一个9岁的女孩，是这样描述父亲的：

我的爸爸对我非常好，我想知道天上为什么有银河，爸爸就给我买了很多关于银河的书，还带我去郊区的山上看银河，我终于知道那是为什么了。

我喜欢和爸爸在一起，每次我都能从他那里知道很多新鲜的东西。爸爸还经常买一些有趣的东西给我，每次他出差回来都会给我带礼物。

爸爸还能保护我，有一次，我走在路上，突然一只青蛙跳到了路中间，把我吓了一大跳，爸爸看到了，马上拿起一根树枝，把青蛙赶走了。我的爸爸就是大英雄！

为什么女孩到了这一阶段会更喜欢爸爸？归结起来，原因主要有两个。一是随着年龄的增长，女孩进入了一个崭新的阶段——渴望独立，渴望去探索外面的世界，而爸爸身上恰恰拥有这种精神；二是在女孩的眼里，爸爸比朝夕相处的妈妈更神秘，而且爸爸通常富有创造力，能够带给女孩意想不到的惊喜。

正因为如此，童年时期的女孩在为自己的人际关系排序时，总是会把爸爸放在一个非常重要的位置上。与父亲建立更亲密的关系，是女孩最为迫切的一种渴望。

所以，在女孩的童年时期，父亲以什么样的态度来对待女孩，往往会影响女孩的一生。如果父亲对女孩倾注了很多心血，时时关注她、鼓励她，那么，女孩就会成为一个积极、阳光、乐观、坚强的人；如果父亲总是忙于自己的工作、对女孩视而不见、忽略了教育女孩的责任，那么，女孩有可能会变得自卑、敏感、内向、缺乏创造力。

为了让女孩变得更有安全感、更有正能量，在这一阶段，父亲一定要多和女孩在一起，并尽自己的最大努力满足女孩独特的心理需求。

最重要的是，父亲一定要多向女孩表达自己的爱，让女孩真切地感受到父爱。

在中国，传统的父亲在对待女儿的问题上通常比较含蓄，很少会把“我爱你”“我为你骄傲”等情感词汇挂在嘴边，但再深沉的爱也需要表达，不善表达的父亲们也应该学着说出自己的爱。这对女孩非常重要，如果女孩确定自己是受到父亲喜爱的，她的自信心就会得到极大的提升，并且在她的内心深处，会形成这样一种认知：在她眼中最权威、最伟大的父亲认为她很好，说明她真的很好、很出色。在这种思维方式的指引下，女孩未来的道路一定会走得更顺利。

青春期：信任与理解，让女孩轻松度过叛逆期

青春期对女孩来说是一个非常特殊的时期，大多数青春期女孩在面对自己生理和心理的多种变化时，往往会不安、困惑，这时的她们开始不愿意与父亲亲近，也不愿意再向父亲吐露心声，甚至渐渐地疏远了父亲。因此，这一时期，女孩与父亲的关系会渐渐疏离。

尽管如此，身为父亲，也不应对女孩撒手不管，父亲的放任，有可能让女孩走向人生“坏”的一面。

在这个敏感时期，父亲对女孩的信任和理解是至关重要的。事实上，处于青春期的女孩也是非常渴望得到父亲的理解和帮助的，希望从父亲那里得到信心和鼓励，让她相信自己正在经历的事情是自然的、正常的，相信父亲仍然像以前那样爱自己。因此，父亲——女孩生命中的第一个男性，在这一时期的主要任务就是：为女孩提供一个安全的港湾，让女孩可以暂时松口气，重新建立信心，轻松地度过青春期。

一位父亲是这样教育他的女儿的：

> 女儿青春期的时候，总是表现得非常烦躁，而且动不动就和我们抬杠。我知道女儿正在经历一个艰难的时期，为了帮她顺利度过这个时期，我几乎每天都和她在一起。我发现父女俩可以一起完成的事情有很多，比如，一起学习、一起打羽毛球……
>
> 有一次，我带着女儿到游泳馆游泳，可是到了那里之后，女儿却怎么也不愿意下水，我知道她是有点不好意思。于是，我对她说：“没事的，你不想游泳就算了。”然后找机会对她说：“您现在已经是一个大姑娘了，我真高兴。从你刚生下的那一天，我就在想，我的女儿什么时候能长大啊？时间竟然过得这么快！现在我想告诉你：我支持你在这个世界上走自己的路，我会一直和你在一起，做你的后盾。”
>
> 女儿听完我这些话后很惊讶，甚至眼角泛起了泪花。我知道，她被我感动了。自那之后，她又跟我无话不说了。

父亲简简单单的几句话为什么能够让女孩如此感动？答案很简单，因为父亲通过坦诚的沟通让女儿了解到了这样的事实：第一，在父亲的眼中，女儿已经是个大人了；第二，父亲与女儿以同等的身份对话，女儿享有发言权；第三，父亲会永远支持女儿，相信女儿；第四，父亲永远爱她，永远和她在一起……虽然父亲的话很朴实，但是对女孩来说是一个长大成人的里程碑，是任何东西都不能取代的。

给予女孩充足的理解、尊重和宽容，女孩才会打开自己的心扉，重新成为父亲的“小棉袄”。

养育女孩小贴士

父亲与女儿建立良好亲子关系的 3 大要点

1. 不做“法官”，做“律师”。父亲在对待女孩时不应像“法官”一样兴师问罪，而应该以宽容的心，给孩子“申辩”的机会，呵护她的自尊。

2. 不做“裁判”，做“啦啦队”。父亲应该像女孩的“啦啦队”队员一样，善于发现她的优点并赞美她。

3. 不做“驯兽师”，做“镜子”。父亲要帮助女儿提高自我意识，这样才能让女孩不害怕父亲的“权威”，进而学会与父亲沟通。

03

养成好习惯，帮女孩提升自我

爱自己，是正能量的来源

女孩应该这样爱自己：

- 告诉自己：“我已经足够好了”
- 停止与自己对立
- 停止否认或逃避自己的负面情绪
- 无条件地接纳自己
- 以建设性的态度和方法对待自己的弱点和错误

很多时候，女孩们似乎总是需要通过别人的认可才能肯定自己，她们没有想过，当世界上所有的人都不再去关注、欣赏、赞扬、鼓励自己时，该怎么办？

其实，人只有自己首先热爱自己，才会得到别人的爱，才会被这个世界所接纳。

印度哲学大师奥修说过：“一个人一生的功课在于学习如何宽容自己，善待自己，不要太无情，不要和自己过意不去，这样你会像一朵盛开的鲜花，用开放的美丽吸引着身边其他的花朵。如此一来，你自然会以自己优雅、美妙的自信姿态存在着。如果你能够保持这样的心态，那将为自己赢得一生极致的喜乐，透过这样的幸福，你将领悟到活着的意义。”

爱自己是正能量的来源，家长们应该让女孩们懂得，对一个健康、成熟的人来说，必须树立的一个非常重要的心态就是“爱自己”。即使我们一无所有，至少我们还拥有自己，因为自己才是最大的财富，是无价的。

在纽约的北郊住着一个名叫埃米莉的女孩，她整天自怨自艾，认定自己的理想永远实现不了，她的理想也是每一位妙龄女孩的理想：和一位潇洒的白马王子结婚、白头偕老。埃米莉总以为别人都将拥有这种幸福，而自己却永远被幸福拒之于千里之外。

一个雨天的下午，埃米莉找到了一位有名的心理学家，因为据说他能解除所有人的痛苦。她被心理学家请进了办公室，握手时，她冰凉的手让心理学家的心都颤抖了。心理学家打量着这个忧郁的女孩，她的眼神呆滞而绝望，讲话的声音像是来自墓地。她的整个身心都好像在对心理学家哭泣着：“我已经没有指望了！我是世界上最不幸的人！”

心理学家请埃米莉坐下，跟她谈话，心里渐渐有了底。最后，心理学家对她说：“埃米莉，我会有办法的，但你得按我说的去做。”他要埃米莉去买一套新衣服，再去修整一下自己的头发，打扮得漂漂亮亮的，并告诉她说，星期二他家有个晚会，他要请她来参加。埃米莉还是一脸闷闷不乐，对心理学家说：“就是参加晚会我也不会快乐。谁需要我，我能做什么呢？”心理学家告诉她：“你要做的事很简单。你的任务就是帮助我照料客人，代表我欢迎他们，向他们致以最亲切的问候。”

星期二这天，埃米莉衣衫合适、发式得体地来到了晚会上。她按照心理学家的吩咐尽职尽责，一会儿和客人打招呼，一会儿帮客人端饮料，一会儿给客人开窗户。她在客人间穿梭不息，来回奔走，始终在帮助别人，完全忘记了自己。她眼神活泼，笑容可掬，成了晚会上的一道彩虹。散会时，同时有三位男士自告奋勇要送她回家。一个星期又一个星期，一个月又一个月，这三位男士热烈地追求着她，最终，她选定了其中的一位，走入了婚姻的殿堂。

爱自己不是一种自以为是，而是真正地认可自己、接受自己，清清楚楚地认识到自己的优点和缺点，同时也要自尊，做自己该做的事情，不因为外界的因素而否定甚至放弃自己。

北京大学政府管理学院副院长、心理学博士李靖教授曾经到东莞中学演讲，在演讲中，他向处于迷茫中的高中生们介绍了几种正确爱自己的方法，家长们可以借鉴一下。

1. 告诉自己：“我已经足够好了”

当一个人觉得自己不够好时，就会总觉得自己正处于不幸之中，这在某种程度上会给自己的身体和心灵制造疾病和疼痛。爱自己，应该从肯定自己开始，多给自己一些良性的鼓励，告诉自己“我已经足够好了”。这样，就会感觉自己是有价值的。有了这样的信心，无论生活中发生什么，我们都能轻松地调整自己，改变生活。

2. 停止与自己对立

“停止与自己对立”，指的是要停止对自己的不满和无休止的批判、指责。不管自己做了多少不合适的事，存在着多少缺点，从现在开始，都要停止对自己的挑剔和指责，多看到自己好的一面，多认可自己，维护自己生命的尊严和价值。

3. 停止否认或逃避自己的负面情绪

如果产生了负面情绪，不要先急着去抑制、否认或者掩饰它，更不要一味地生自己的气。我们首先应该坦然地承认并且接纳自己的负面情绪，不论它是沮丧、愤怒、焦虑还是敌意，都要把它视为正常的情绪，而不是洪水猛兽。

其实，负面情绪的存在也有一定的正面意义，它会提醒人们对现状有所警觉，而这也是改变现状的先决条件。如果一个女孩从来都不会因为自己的成绩差而沮丧，她就不可能产生努力学习的动力；如果一个女孩从来不会因为与别人产生矛盾而苦恼，她就不懂得自己的人际交往方式需要调节。因此，不要害怕产生负面情绪，接纳它，然后再想办法解决引起负面情绪的问题。

4. 无条件地接纳自己

很多人从小就得到了各种各样的有条件的关注，这导致人们以为只有具备了某种特定的条件，比如优秀的学习成绩、过人的专长、出色的业绩等，才能获得被自己和他人接纳的资格。一旦自己在这些方面不具备优势，很多人就因此背上了自卑的包袱，也因为曾经被挑剔，所以他们也就逐渐习惯了用挑剔的目光看待自己，并且越看越觉得无法接受自己。其实，接纳自己是没有条件的，这是人的一种本能。

5. 以建设性的态度和方法对待自己的弱点和错误

如果一个人能够正确地看待并且接纳自己的弱点，那么，即使是弱点，也能发挥它的作用。首先，弱点能够让我们了解自己的局限性，使我们不至于狂妄自大，并且使我们懂得应该尊重有相应长处的人；其次，弱点让我们了解自己在哪方面是不擅长的，从而可以集中精力去发掘自己的优势，这样就可以少走弯路。

在这个世界上，每个人的美丽都是不一样的，而且每个人的处世方式、性情、气质也都是不同的。只有懂得爱自己的人，才会发现属于自己的美丽：宁折不屈的人，拥有的是坚强、豪迈；含蓄内敛的人，往往凝重而深刻；历经坎坷的人，拥有的则是毅力和柔韧。正因为不同的人有不同的魅力，所以我们的世界才会多姿多彩。如果一个人认可自己，真心地喜欢自己，就能挥洒出属于自己的个性，从而创造不一样的人生。

爱自己，是源于对生命本身的爱护和尊重，这会让女孩们的心境更为高远，也可以让她们的心灵得到更多的自由，让她们在孤独无助时，能够建造出自己的宫殿，成为自己心灵家园的主人。

爱自己的女孩，才会真正懂得爱这个世界。

养育女孩小贴士

教女孩如何爱自己

1. “不要随便亲我。”有些大人总是喜欢亲吻孩子，这让孩子在无形中受到了伤害，家长应该让孩子自己学会保护自己，大胆地说出“不”。

2. “我不跟你走。”让孩子提高警惕心，拒绝诱惑，不要随便跟陌生人走。

3. “不要随便嘲笑我。”孩子更需要的是认可和鼓励，而不是嘲讽和否定。

4. “不要随便命令我。”家长们在教育孩子时要讲究方式方法，过多的命令反而会塑造出一个叛逆的孩子。

懂礼仪，女孩才能优雅有气质

培养女孩懂礼仪，家长应该这样做：

- 以身作则，时时注意自己的言谈举止
- 用细节来告诉女孩“优雅的举止是什么”
- 教育女孩“站有站相，坐有坐相”
- 引导女孩养成基本交际礼仪
- 告诉女孩餐桌上的礼仪

对任何一个孩子来说，礼仪都是人生的一门必修课。英国教育家斯宾塞曾经说过：“礼仪修养是一个人全部品德的基础，不礼貌不文明的行为，既不利于孩子自身的发展，也严重危害孩子的品性。”的确，礼仪是一种给人提供愉快的体验、替别人着想的习惯。只有懂礼仪的女孩，才能优雅、有气质，受人欢迎。

一个懂得礼仪的女孩，无论何时，她的表现都是得体的、大方的、优雅的。她时时、处处展现出来的优雅气质，就像是一件漂亮的衣服一样，让她拥有强烈的感召力，甚至具有魔法般的吸引力。

然而，在生活中，一心培养女孩懂礼仪的家长们往往会发出这样的抱怨：“我女儿平时看上去挺优雅，但只要你惹着她，她就会发疯一样地大发雷霆、大喊大叫，甚至还会摔东西。”“我女儿怎么比男孩还调皮，疯疯癫癫，跳上跳下，没一刻安宁。”……

面对这样的困扰，家长们必须明白，女孩优雅的言谈举止不是与生俱来的，是需要不断努力才能培养起来的。

1. 以身作则，时时注意自己的言谈举止

要想让女孩拥有优雅的举止和修养，家长首先要做出一个好榜样。人们常说，孩子的心灵就像是一张白纸。孩子这一张“白纸”将画得是好还是坏，在日常生活当中，家长起到了决定性的作用，因为孩子的礼貌行为大多来自对父母的学习和模仿。因此，家长们对自己的言谈举止、服饰仪表及待客之道等都要万分注意。

有一位妈妈曾谈到自己是如何教育女儿的，她的做法值得很多家长借鉴：

> 我的女儿在4岁半时鹦鹉学舌般地学会了说“对不起”，听到她这么懂礼貌，我很高兴。然而我很快发现，一旦她做了错事，她就会轻描淡写地来一句，“我说对不起总可以了吧”，语气中没有一丝愧疚。于是，我一直在找机会让孩子真正理解“谢谢”“对不起”等礼貌用语的真正意义。
>
> 在学校，女儿的舞蹈一直跳得很棒，有一次，幼儿园举行大型的文娱表演，我答应女儿一定去观看她的演出，但后来因为没能抽出时间错过了。当晚女儿在埋怨了之后，一直沉默不语。睡觉前，

我坐在她的床前，真诚地对她说："宝宝，妈妈知道你的演出非常精彩，我是多么希望能亲眼看到宝宝的出色表现啊。错过你的精彩表演，妈妈感到伤心，更为没能实现诺言感到对不起你。对不起，宝宝。"孩子听完，紧紧地搂着我，哭了。父母在孩子面前，也不可能是完人，在做错事时真诚地发自内心地对孩子说声'对不起'，这样才能让孩子真正懂得"对不起"别人不是一件轻描淡写的事。

同样，在孩子帮我做一些小事情时，我也会诚恳地说声"谢谢"，在孩子扑向刚下班的我并说"妈妈好"时，我也同样表现出格外的兴奋。渐渐地，孩子不再随随便便地滥用礼貌用语了，她懂得了这些词汇所传达的应该是人与人之间最真实的情感。

2. 用细节来告诉女孩"优雅的举止是什么"

"女孩要有女孩样，要懂礼貌"，很多家长都会这样对女孩说，殊不知这样的说教是非常空泛的。女孩或许知道自己应该"懂礼貌"，但并不知道怎么才算是"懂礼貌"。所以，培养女孩礼仪，家长们最好要具体地告诉女儿在什么场合下，应该有怎样的行为举止，这远比空洞地告诉她"要有女孩样"有效得多。

除此之外，培养女孩优雅的举止，还可以借助一些图书、电视等媒介来实现。比如，在空闲的时候可以陪女孩看有关礼仪方面的图书，并一起探讨、研究，这些书籍最好是简单、易懂，且带有图片的；家长们还可以让女孩看一些相关的综艺节目，比如选美大赛等。

3. 教育女孩"站有站相，坐有坐相"

站和坐是优雅举止的基础，是培养优美仪态的起点。所以，要学习礼仪，女孩们首先要学会站和坐，做到"站如松，坐如钟"。

有的人认为，坐和站太简单了，一岁的小孩都会。实际上，会站不等于“站有站相”，会坐不意味着“坐有坐相”。有的人站在那里，歪肩、含胸、叉腰、撇着腿，整个人松松垮垮的，让人一看就没有精气神。

标准的站姿应该符合以下几个要点：

·头正，双目平视，嘴角微闭，下颌微收，面容平和自然；

·双肩放松，稍向下沉，人有向上的感觉；

·躯干挺直，挺胸，收腹，立腰；

·双臂自然下垂于身体两侧，中指贴拢裤缝，两手自然放松；

·双腿立直、并拢，脚跟相靠，两脚尖张开约60°，身体重心落于两脚正中。

而女孩正确的坐姿则应该做到以下几点：

·入座时要轻、稳、缓。走到座位前，转身后轻稳地坐下。如果椅子位置不合适，需要挪动椅子的位置，应当先把椅子移至欲就座处，然后入座。

·神态从容自如，嘴唇微闭，下颌微收，面容平和自然。

·双肩平正放松，两臂自然弯曲放在腿上，亦可放在椅子上，以自然得体为宜，掌心向下。

·坐在椅子上要立腰、挺胸，上体自然挺直。

·双膝自然并拢，双腿正放或侧放，双脚并拢或交叠或成小“V”字形。但不可尽情打开腿脚，那样会显得粗俗和傲慢。如果长时间端坐，可双腿交叉重叠，但要注意将上面的腿向回收，脚尖向下。

保持正确而优美的站姿和坐姿，不仅有利于女孩身体的正常发育，在社交场合也是文明礼貌的表现。无论哪一种姿势，都要自然放松，面带微笑。尤其要注意的是，在公众场合，千万不要仰头靠在座位背上或低着头只注视地面，也不要前俯后仰。

除此之外，家长们还要引导女孩注意这些坐姿：

· 课堂上的坐姿。上半身挺直，两肩放松，下巴内收，脖子挺直，胸部挺起，双手自然放在双膝上，或者放在桌面上。

· 操作电脑的坐姿。腰背要挺直，身体微向前倾，两腿自然地平放在地上。

· 公共场合的坐姿。这时可以比较放松地坐下，但入座要稳重端庄，不可以猛起猛坐，弄得座椅乱响，更不要将脚踏在前排的椅子上。

4. 引导女孩养成基本交际礼仪

任何人都需要生活在一定的社交圈里，都需要与人交往。然而，让很多家长头疼的是，一些女孩在处理人际交往问题时往往掌握不好分寸。有些女孩比较胆小羞怯，一与陌生人说话心里就直打鼓；有些女孩性格开朗外向，却经常在无意之间说出一些难听的话而不自知；还有一些女孩具有很强的交际欲望，却不懂得如何表达。让孩子掌握最基本的交际礼仪，是孩子走向社会的第一步。

· 家长们要引导女孩平等地与人交往，对待长辈要恭敬有礼，对待同龄人要像对待兄弟姐妹般友爱团结，不要凌驾于别人之上，也不要流露出自卑的神色。最重要的是，无论对方是谁，都要抱着尊重的态度。“敬人者，人恒敬之。”一个懂得尊重他人的人，才能受到别人的尊重。说话、做事时要顾及他人的自尊，学会控制自己的情绪。平时待人诚恳，心地诚实有担当，不要把自己的责任推给别人。处理事情要宽容大度，不可小肚鸡肠。对别人的错误、失礼，要以礼相待；对自己犯的错误，坦诚承认，不去掩饰，这样的人一定能得到别人的尊重。

· 要告诉女孩，在交往中一定要注意言语、行为的分寸，不要对人过于苛责，要多赞美别人，即使提意见或建议也要委婉，这样才能促进他人改正或进步。而且，在生活中还要时时保持微笑，发自内心的微笑能成为与人沟通的桥梁。

· 在与人交往的过程中，还要引导女孩诚实守信，对于已经计划好的安排，尽量去完成。和别人约好的事情一定要做到。树立起时间观念，不浪费自己的时间，也不浪费别人的时间。

5. 告诉女孩餐桌上的礼仪

一个懂得餐桌礼仪的“小淑女”无论在任何场合就餐，都会显得非常有教养，这同时也是很多家长所期待的。

要想让自己的女儿成为饭桌上的“小淑女”，家长们要在生活中采取一些措施。比如在平时就餐时，要多与女儿讨论，怎样的坐姿和吃相才显得端庄；也可以给女儿来个“现场直播”，告诉她餐桌上怎样坐、怎样就餐才会更有素养。

下面来看看需要注意哪些问题吧。

· 在家中吃饭。女孩应该主动帮家长做好摆放碗筷的工作，然后请父母入席。用餐完毕，要帮助家长一同收拾碗筷。饭前要洗手，主动帮父母盛饭，先让父母动筷，然后自己动筷。要主动给父母添饭，与家人一起用餐时要礼让。入座后坐姿要端正，吃相要文雅，口含食物时最好不要讲话。用餐后要轻轻放下碗筷，如果自己先吃完，要与父母或其他长辈打招呼后再离开座位。节约粮食，不挑食，不剩饭。

·外出赴宴。就餐之前，一定要把手洗干净。就餐时，不要用口去接食物，不要在大块食物上咬一口，再将剩下的部分放回去，更不要把盘子端着，只往自己的碗里添加食物。如果食物较烫，不能对着食物吹气，这在餐厅等公共场合是非常失礼的。喝果汁等饮料时，应先用餐巾抹嘴，不要把食物残渣留在玻璃杯上，然后再慢慢地喝，不要一口气都喝下去。正确使用筷子。用餐时，不要将筷子在菜上乱挥动，不要用筷子穿菜吃，不要将筷子含在口中，不要用筷子去搅菜，不要把筷子当牙签，不要用筷子敲击桌碗，不要用筷子指点他人。

当父母将这些礼仪知识灌输到女儿的头脑和生活中时，一个优雅而有教养的"小淑女"就会由此诞生，多年以后她一定可以出落成一个举止优雅、谈吐大方的优秀女性。

养育女孩小贴士

如何让女孩在公共场合表现更得体

情境1：女孩外出时吵闹不休

带女孩外出前，家长应该先告诉孩子要去哪里、要做什么，并说好规则，询问是否能遵守。这样女孩才会明白发生了什么事，并自觉遵守规则。

情境2：女孩见人不愿打招呼

在外出之前，可以先告诉孩子将见到什么人、应该怎样称呼，以及该说什么，甚至可先练习一下。见面后，如果孩子仍然害羞，可以让孩子点点头，笑一下。回家后，要称赞孩子的表现。

情境3：孩子不断插嘴

平静地告诉孩子：随意打断别人的谈话是一种很不礼貌的行为。不要在孩子插嘴时回应她的要求，否则她会认为这种行为是对的，并不断重复。但是，家长在大人之间的谈话告一段落后，要主动询问孩子的要求，让孩子明白，这时候才能听她说话，满足其需要。

放开手，让女孩独立起来

家长应该这样培养女孩的独立习惯：

- 不要总是时时刻刻“管”着女孩
- 适时地在女孩面前夸一夸别人
- 换一种对女孩说话的方式
- 教给女孩独立做事的知识和技能
- 多让女孩自己决策

家长们总是希望孩子有一天能变成在天空中自由翱翔的矫健雄鹰，然而，要想让雏鹰变成雄鹰，就必须放手让它去飞、去拼搏。所以，家长们也要学会放手，从小培养女孩的独立习惯。

有一位心理学家曾经说过：“孩子需要一定的空间去成长，去试验自己的能力，去学会如何对付危险的局势。父母不要为孩子做任何他自己能做的事。如果父母过多地代劳，会剥夺孩子发展自己的能力的机会，也剥夺了孩子的自立及信心。”女孩的成长是身体和心理成长的组合，有的女孩吃得好穿得美，但心理的“营养”却极度匮乏，没有自立能力和生存能力，这样的女孩或许在学习上是优等生，但是一旦离开学校走向社会，就会成为寸步难行、困难重重的“劣等生”，甚至被淘汰。

父母们一定要知道，未来是只能由女孩自己来决定，未来的路要靠她自己去闯荡，未来的生活要靠她自己去创造。家长们应该循序渐进，耐心引导孩子，多给女孩独自去尝试、体验的机会，让女孩走出“温室”，成为一个能独立思考、独立做事、独立成长的人。

那么，怎样才能让孩子自己独立起来呢？

1. 不要总是时刻“管”着女孩

儿童心理学的相关研究表明，孩子其实是喜欢自己做事情的，他们喜欢说“我能”“我自己来”等。因此，父母应该顺应女孩的天性，放开她的手，让她大胆去做感兴趣的事情。这不仅能够很好地培养女孩的自理能力，同时也培养了她的吃苦精神和责任感，增加了她的基本生活常识和劳动能力，使她学会对自己的生活和行为负责，真正地长大成人。

父母要想对女孩放手，就要做到“别管”。“别管”女孩，培养她克服困难、迎接人生各种挑战的心理素质和实际能力；“别管”女孩，给她提供锻炼的机会，让她自己独立地处理问题。这种“别管”的做法，能让女孩变得独立、自主、自强，让她完成自己力所能及的事，并从一次次的成功体验中增强自信心。当然，“别管”绝不是放任自流，而是建立在了解女孩的能力范围、尊重她的情感的基础之上的。

2. 适时地在女孩面前夸一夸别人

很多女孩都存在着强烈的依赖心理，这种心理使她缺乏做事的主动性，而女孩既有依赖父母的心理，也有争强好胜不服输的天性。父母要摸清女孩的这种心理，偶尔有意地在她面前夸奖别人，以此来激起她不服输的心理，使女孩变得更主动、独立，不再一味依赖父母。

刘小雅是一个可爱且聪明的女孩，只是对父母有着很强的依赖心理，几乎什么都需要父母帮忙，连每天起床都需要妈妈催促很多次。有一次，刘小雅的妈妈听说邻居家的孩子上学起床从来都不需要大人叫，自己很早就会主动起床，而且一次都没迟到过。回家后，妈妈当着刘小雅的面夸奖邻居家的孩子，刘小雅听后不服气地说："我也能做到。"晚上睡觉前，刘小雅主动把闹钟调好。第二天早上，听见闹钟响后，刘小雅很快就起床了。

成长是一个循序渐进的过程，要想消除女孩的依赖心理，父母就不要怕麻烦，不要嫌女孩添乱、费时，也不要嫌她做得不好。只要女孩能"参与"，父母就应以鼓励为主，对她的进步做出充分肯定，勉励她下次做得更好，让她慢慢进步。这样既减轻了父母的压力，也可以帮助女孩养成独立自主的生活习惯。

3. 换一种对女孩说话的方式

家长们在对女孩说话时，要注意口气和方式，要认真听女孩讲话，使孩子感到父母的尊重。孩子吃饭不要硬逼，让孩子做事尽量不用命令的口吻。不要当众指责孩子"不争气""笨蛋""没出息"等，这样会深深伤害孩子的自尊心，正确的做法是，以平等的态度对待孩子。事实证明：受到父母充分尊重的孩子，大多待人友好、懂礼貌、举止大方、自我独立意识强。心理学家认为，这是孩子受到应有的尊重的良好反应。

除此之外，在关心女孩时，不妨换种问话的方式。女孩在路上不小心跌倒后，很多父母往往会赶紧扶起孩子，然后心疼地问："是不是很疼？"如果看到女孩无精打采，就会紧张地问："是不是头疼？"这种问法会使女孩不假思索地回答：“好疼。”这其实在无形中加深了女孩的依赖心理，因为哪怕女孩只是有点疼，但听到父母这一问，也会眼泪汪汪地做出肯定回答。所以，父母应该改变问话方式，用“不疼吧”取代“疼吗”，这样女孩会很自然地回答：“不疼！”这不但有助于消除女孩的依赖心理，还有助于培养她的吃苦精神，帮助她形成良好的生活习惯。

4. 教给女孩独立做事的知识和技能

女孩不但要形成独立意识，而且要在生活中逐渐学习到相应的知识和技能，也就是说，不但愿意自己做事，而且还要会自己做事。比如，怎样择菜、洗菜，怎样扫地、擦桌子，这些教育是在日常生活中自然而然进行的。此外，独立性还表现在孩子学习、交往等各个方面。家长要教孩子自己完成游戏和学习任务，自己去和同伴交往，当孩子和同伴发生纠纷时，还要教他们用各种有效的方式自行解决矛盾。

5. 多让女孩自己决策

让女孩自己决策，让她从小就具备自己决策的能力，她就会拥有充足的独立精神。因此，家长们一定要记住，孩子的事应该让孩子自己去思考和决定，比如，玩具应该放在什么地方，游戏应该怎样布置，和谁玩，玩什么，作业应该怎么做，考试应该怎么复习等，这些事情，家长不要帮她们做决定，要让孩子自己去动脑筋，想办法，做出决策。家长可以帮助孩子分析，引导孩子判断，但不要干涉，更不要代替孩子决策。

有些家长或许会认为，凡事让孩子自己动手、做主，看起来似乎是父母的责任少了、懒了。实际上，这是在给孩子机会，让她能把自己的能力表现出来。如果父母不放手，就永远无法知道孩子的能力有多大。

人的潜能是无穷的，这些潜能需要不断地挖掘才能成为自身的财富。家长们何不轻轻松松地把责任还给孩子，并让孩子知道即使决定错了也没有关系？孩子有错误才有改进，有改进才有机会成功。

养育女孩小贴士

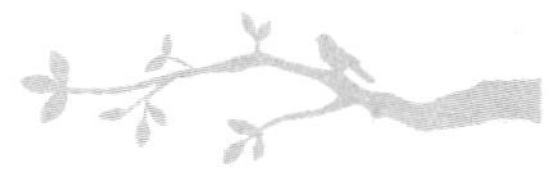

女孩走向独立必经的关键阶段

第1个关键阶段：2岁左右

这时女孩开始出现独立意识，她会把自己想要的表达出来，并且希望那些东西永远都是自己的。在这一时期，女孩们的口头禅是“我”“我的”“我要”。生活技能、运动技能和语言能力等已经有了明显提高，已经学着自己吃饭，尝试自己穿衣等。

第2个关键阶段：6岁左右

这个年龄阶段是女孩与母亲真正分离的起点。在这一时期，女孩往往既想获得独立，又不得不依赖妈妈，她的内心充满矛盾。同时，这个阶段也是母女之间矛盾比较多的年龄。

第3个关键阶段：9岁左右

对女孩来说，这是一个独立而执着的年龄阶段。在这一时期，女孩的独立性逐渐增强，在感情上开始表现出不喜欢依赖于他人，希望摆脱父母的管教和约束。女孩的自我意识也越来越强，能够独立完成一些生活上的事情，有较强的安全感。随着独立性的增强，爱思考、喜欢与人为善，也就成为这个阶段孩子的典型特征。

第4个阶段：青春期

青春期的女孩对独立有着非同寻常的渴望，她们甚至会为了独立而向父母宣战，她们渴望脱离父母，树立自己的形象。一个孩子在整个青春期期间的所有一切，都是在寻找自我：认识自己、界定自己、依靠自己。

有条理，让生活井然有序

这样做，可以培养女孩的秩序感：

- 家长要带头，自己首先做到有条不紊
- 把握女孩的秩序敏感期
- 教女孩在日常生活中把握基本秩序，提高效率
- 为女孩制定一个合理的作息表

人们的生活水平日益提高，生活节奏也随之加快，只有有条理地生活和工作，才可能使人们在嘈杂的社会中保持有一颗宁静的心。作为一个女孩，更需要有条理地工作和学习，这样才能让生活越来越美好。

虽然女孩天性比较柔弱，但这并不代表女孩无法主宰自己的命运，也不代表女孩是社会的弱势群体。一个自主的女孩，是可以掌握自己的命运的，她能够通过自身具备的刚柔相结合，打造出自己的一片天地。

然而，在生活中，很多父母却忽视了培养孩子的自理能力。他们总是抱怨："我的女儿每天放学一回到家，书包乱扔，什么事都不管就出去玩，帮她捡书包都成了我每天的固定工作了！""我的女儿玩具非常多，

但就是不知道自己收拾，一进她的房间，满地都是玩具，真是愁人！”“我的女儿也总是乱扔东西，等到她用的时候，找不到还乱发脾气。”……

“妈妈，我的书包呢？”赵一兰在厨房忙着做早餐时，听到7岁的女儿在房间大喊大叫。赵一兰还以为发生了什么事情，赶紧循声跑了过去，原来是女儿的书包找不到了：“你昨天不是自己背着回来放到房间的吗？你自己好好找找，妈妈还要做饭呢！”赵一兰说完就出去了。

面对妈妈的不理睬，女儿很生气地说：“我不管，你赶快帮我找到，我一会儿还要去上学呢！我记得我昨天就放在客厅了，肯定是你给我藏起来了。”

女儿一直以来就有丢三落四的毛病，赵一兰知道这样下去不行，于是决定这次好好教育女儿一下，所以任凭女儿在房间大喊大叫，也不理睬。恰巧这时，邻居阿姨把不见的书包送了过来，说：“欣欣昨天在我们家写作业，居然连书包都落在了我们家。”这时候，女儿哑口无言，小脸涨得通红。

上面案例中类似的现象在我们的生活中屡见不鲜，造成这种现象的主要原因，就是父母在女孩小的时候没有培养她们做事有条理的习惯。

一个女孩做事是否有条理，是否有一个好的习惯，主要取决于父母是否在最关键的时期给予女孩一种良好的教育方式。那么，父母到底怎样做，才能够培养女孩形成做事有条理的习惯呢?

1. 家长要带头，自己首先做到有条不紊

家长的一言一行对孩子有着深远的影响，如果家长自己在生活上都做不到有条理——每次打开衣柜找不到想要穿的衣服，每次看完报纸就

随便一扔，每次都不及时清洗换下的衣服……在这样的环境下，要想培养一个生活有条理的女孩，简直就是天方夜谭。因此，家长们首先要做的，就是言传身教。

在做事情时，家长们要表现出自身的责任感，向女孩展示出一种认真负责的态度。这样教育出来的女孩，以后才可能成为负责任的女孩。

同时，家长们还要展现出一种良好的生活习惯，比如，在家做事时要积极勤快，不要拖沓，有脏衣服就及时清洗，家里脏了立刻打扫，饭后的碗筷不要等着下次做饭时再洗……这样，女孩才有可能受到熏陶，成为一个具有良好习惯的人。

除此之外，家长们还要知道，培养女孩做事有条理并不是一朝一夕的事情，它是一个漫长的过程，这就要求父母一定也要坚持自己做事始终有条理。

2. 把握女孩的秩序敏感期

0–4 岁是孩子的秩序敏感期，这一时期的孩子们对秩序有一种近乎刻板、固执的要求。比如，玩具和图书必须放在固定的地方、自己的座位不能让别人坐、积木一定要摆放整齐……一旦没有做到，她们就会大哭大叫。这是在秩序敏感期的正常心理表现，家长们不要因此而批评孩子淘气、任性，因为在这一时期的女孩看来，生活是有序的，而这种秩序是恒定的、不容改变的。

有一位幼儿园老师对此深有感触：

4 岁的赵欢欢坐着幼儿园的校车回家。一次，司机马师傅在送完前面一位小朋友后，没有像往常一样继续向前开，而是调了个头想走另一条不太堵的路。这时，赵欢欢突然大哭起来。我惊恐地过去察看，她在座位上安然无恙。忙问她怎么了，她边哭边喊："我要回家！我要回家！"

我忙解释："马叔叔是送你回家，马上就该你下车了。"可她还是不停地哭，看起来非常焦躁不安。我只好又给她解释："老师送你回家，马上就该你下车了。"可她还是哭着说："我不走，我要回家，我要回家。"边说边焦急地指着后面的方向。

我恍然大悟：原来是因为校车没有按原来的路线走，让她感到不安了。

我忙给她解释："这条路和那条路都可以到你家，马上就到。"可她一直没有停止哭，见到妈妈时还在哭。

从这次以后，每当改变路线时，我会提前告诉孩子，尤其是要解释给那些处于秩序敏感期的孩子。

家长们要保护好女孩在这一时期的秩序敏感性，并在她们产生秩序感的第一时间帮助她们培养良好的规则意识。

3. 教女孩在日常生活中要把握基本秩序，提高效率

朱莉莉刚一回家还不到两分钟就开始"念经"："妈妈，我的毛绒娃娃呢？你快帮我找找。"不一会儿她又开始喊："妈妈，我那件粉色的连衣裙在哪里？我们明天有比赛，我要穿。"

朱莉莉今年已经8岁了，但是自己的事情从来没有独立完成过，什么事情都要父母为她去做。听到女儿的叫声，朱莉莉的妈妈不禁陷入了苦恼当中："孩子做事一点条理都没有，以后怎么办啊？"

相信很多父母都遇到过这样的情况，朱莉莉妈妈的苦恼也是很多父母所苦恼的。面对这样的情况，家长们首先不要着急，而应该采取正确

的方式，及时地引导女孩，让她们认识到生活中条理的重要性。

家长们要在平时多留心观察女儿的举动，如果有不正确的地方，要及时地指出，并教给女孩方法，引导她加以改正。当女孩要做的事情非常多时，要教会女孩根据轻重缓急来排好做事的顺序。在女孩排好顺序后，家长们可以帮着检查一下，不合理的地方要指出，并说出不合理的理由。

对于年龄比较小的女孩，家长们可以从平时的穿衣吃饭上来教导。比如在平时，可以教女孩给芭比娃娃换穿衣服。在换的过程中，家长可以口述穿衣和脱衣的具体步骤，然后在给女孩穿衣时，再次将步骤陈述。

4. 为女孩制定一个合理的作息表

要想让女孩形成做事有条理的习惯，首先要保证女孩拥有规律的生活。一个在生活上没有规律的女孩，在做事时又怎么可能做到有条不紊呢？因此，这就要求家长要及时地帮助女孩建立合理的作息表，并严格地执行。

家长们要根据女孩不同的年龄阶段，安排一个科学、合理且相对固定的作息时间表，作息表要明确规定每天的起床、睡觉、玩游戏、看电视等时间，日常生活中，家长们要督促女孩遵照执行，这样不但有利于女孩的健康成长，还能为她的时间观念的形成和秩序习惯的培养奠定良好的基础。

养育女孩小贴士

儿童秩序的敏感期的3个阶段

第1个阶段：因为秩序遭到破坏而哭闹，秩序一恢复就会安静下来。

第2个阶段：为了维护秩序而说“不”，自我意识开始萌芽。

第3个阶段：为了维护秩序而执拗，一切要重新来。

04

修炼好性格，让女孩一生更幸福

树立自信，告别自卑

帮助女孩树立自信的好方法：

- 多鼓励女孩，告诉她“你能行”
- 让女孩从成功的喜悦中获得自信心
- 不要总是拿孩子与“别人家孩子”比
- 帮女孩不断提高自己

每一位家长都希望自己的女孩充满自信，因为自信心对女孩的健康成长和各种能力的发展都有着非常重要的意义，尤其是少年时期的自信心对一个人的一生起着举足轻重的作用。

但自信心不是与生俱来的，需要家长的引导和培养。如果家长能帮助女孩清除心中自卑的种子，把自信的种子放进女孩的心田，等到有一天就会猛然发现，这颗自信的种子已经在女孩身上长出了这世上最美最灿烂的花朵。

朱小茜今年8岁，是一个很没有自信心的女孩子。有一次，班里选班干部，她的票数是全班最多的，但是她说什么都不愿意当。她的妈妈知道这件事情之后，询问她原因，朱小茜扭捏着说：“我怕我当不好，到时候大家都不会喜欢我了。”她的妈妈听完，一边鼓励朱小茜尝试，一边给她分析怎样做好一个班干部才能让大家喜欢，学校里的老师和同学们也都不断鼓励朱小茜，希望她能当班干部。

后来，朱小茜在众人的支持和鼓励下担任了班里的文艺委员。她的妈妈在女儿当上班干部之后，每天都会询问她班里工作的情况，然后从旁给她一些鼓励和支持，后来朱小茜不但变得越来越开朗、自信，自主性也越来越强，还组织同学们在校庆日表演了节目，获得了老师们的一致称赞。

朱小茜从一个缺乏自信心的女孩变成一个自信独立的女孩，这中间的转变与妈妈的鼓励是密不可分的。其实，父母是女儿自信心的助推器，而自信心是女孩展示自我魅力、冲破艰难险阻走向成功的力量来源。因此，我们要让女孩做一个充满自信的人，信心满满地去面对人生的机遇和竞争，然后面带微笑地迎接真正属于自己的成功和幸福。

培养女孩的自信心，家长们可以从以下几点做起。

1. 多鼓励女孩，告诉她“你能行”

任何一个孩子都希望得到认同和肯定，而且这种被肯定的心理需求比成人更为强烈。心理学家通过研究发现，孩子对自己的评价很多是源于周围人对自己的评价，而且这种评价会深深影响她们的心理和生活。

如果身边的人对她的评价是积极的、肯定的，她就会在幼小的心灵中意识到：别人能做到的，我也能做到。这时，自信心就像一股股小溪流一样注入她的身体，让她在生活中逐渐变得自信、坚强起来。如果身边的人给她的评价是消极的、否定的，那么她就会觉得自己一无是处，做什么都不会成功，自信心会很快在心中断流，自卑和懊悔则会侵蚀她的内心，严重者会让她产生自暴自弃的想法。所以，我们要多对女孩说“你能行”“你可以”，让她在不断被肯定的氛围中健康快乐地成长。

2. 让女孩从成功的喜悦中获得自信心

不断地获得成功是培养女孩自信的一种重要方法，而过多的失败体验会一再打击到女孩的自信心，让她们开始怀疑自己的能力，进而产生自卑感。如果女孩在做一件事情时，总是在不断自我否定的情况下进行，那么，她的信心就会越来越匮乏，成功也注定会离她越来越远。

因此，家长一定要让女孩在生活中品尝到足够多的成就感，在一次又一次的成功中获得自信心。

刘思思是一个有些早熟的小姑娘，虽然只有9岁，但是妈妈经常能从她的眼睛里看到她对周围的人的戒备，好像害怕别人走进她的世界一样。平时家里来客人了，也不爱和别人打招呼，总是一个人怯怯地躲进自己的房间。妈妈担心她心理上有什么问题，于是带她去了医院，医生说刘思思只是极度缺乏自信，小小年纪自卑感就很强了。

妈妈开始想办法让女儿树立起自信。通过观察，她发现刘思思很喜欢玩模型，于是就买了几个特别简单的玩具模型，让刘思思自己来组装，每当刘思思装对一个零件，她就大声地表扬。一段时间后，刘思思脸上的笑容越来越多，人也越来越自信，还主动交了几个好朋友。

家长们应该根据女孩的心理特点和个体差异，为她提出一些简单可行的任务和要求，并确立一个合适的目标，使其经过努力能完成。随着女孩完成的任务越来越多，她收获的成就感也就越来越多，自信心自然会越来越强。

3. 不要总是拿孩子与“别人家孩子”比

很多家长在家中最常对孩子说的话是：“你看邻居家的孩子学习成绩多好，再看看你，语文才考了 90 分！”“王阿姨家的孩子参加舞蹈比赛得了第一，你要是有这么棒就好了！”家长们总是认为，没有比较就没有进步，认为拿别人的长处来激励孩子就能使孩子奋起直追，实际上却往往事与愿违。

盲目的、无谓的比较不但不会使孩子受到鼓舞，反而会对孩子造成很大的伤害，让孩子在心中产生自我否定，自信心受到严重的打击，使孩子的自卑心理雪上加霜。

其实，每个孩子都有独特的个性、成长历程，拿自己的孩子与其他孩子比较是毫无意义的。如果真的要比，不妨经常拿孩子今天的进步与昨天的落后相比，只有这样比才会使孩子变得更加自信。

4. 帮女孩不断提高自己

有些女孩之所以对自己缺乏信心，是因为她的确在某些方面存在着不足。这时，家长们除了多鼓励孩子之外，最重要的是要帮孩子尽快地提高自己，使她弥补自己的短处，迎头赶上。比如，如果孩子的英语发音不标准，因此经常受到其他同学的嘲笑，那么，家长就应当多加强孩子这方面的训练，让她多听听英语故事，带她参加“英语角”练口语，孩子的发音标准了，她的自信心自然就不成问题了。

养育女孩小贴士

自信测试

您的孩子是否拥有充足的自信？请让她快速做一下以下的测试，答案很快就能揭晓了。

1. 一旦你下定决心，即使没有人赞同，你仍然会坚持做到底吗？

2. 参加聚会时，即使很想上洗手间，你也会忍着直到结束吗？

3. 如果想买内衣，你总是让家人买，而不亲自到店里去吗？

4. 你认为自己是个很好的学生吗？

5. 如果店员的服务态度不好，你会告诉他的经理吗？

6. 你不欣赏自己的照片吗？

7. 别人批评你，你会觉得难过吗？

8. 你很少对人说出你真正的意见吗？

9. 对来自别人的赞美，你持怀疑的态度吗？

10. 你总是觉得自己比别人差吗？

11. 你对自己的外表满意吗？

12. 你认为自己的能力比别人强吗？

13. 在聚会上，你会觉得不自然吗？

14. 你是个受欢迎的人吗？

15. 你认为自己很有魅力吗？

16. 你有幽默感吗？

17. 目前所学的功课都是你所喜欢的吗?

18. 你懂得搭配衣服吗?

19. 危急时，你很冷静吗?

20. 你与别人合作无间吗?

21. 你认为自己只是个寻常人吗?

22. 你经常希望自己长得像某人吗?

23. 你经常羡慕别人的成就吗?

24. 你为了不使别人难过，而放弃自己喜欢做的事吗?

25. 你会为了讨好别人而打扮吗?

26. 你勉强自己做许多不愿意做的事吗?

27. 你任由他人来支配你的生活吗?

28. 你认为你的优点比缺点多吗?

29. 你经常跟人说抱歉吗?

30. 如果在非故意的情况下伤了别人的心，你会难过吗?

31. 你希望自己具备更多的才能和天赋吗?

32. 你经常听取别人的意见吗?

33. 在聚会上，你经常等别人先跟你打招呼吗?

34. 你每天照镜子超过三次吗?

35. 你的个性很强吗?

36. 你是个优秀的领导者吗?

37. 你的记性很好吗?

38. 你对同龄的孩子有着很强的吸引力吗?

39. 你懂得理财吗？

40. 买衣服前，你通常先听取别人的意见吗？

每道题选“是”为1分，选“否”为0分。

结论：

25-40分：说明孩子对自己充满了自信，明白自己的优点，同时也了解自己的缺点。不过，家长们需要注意的是：如果孩子的得分接近40分的话，别人可能认为他很骄傲自大。告诉孩子不妨在别人面前谦虚一点，这样才会有好人缘。

12-24分：说明孩子对自己颇有自信，但是她或多或少缺乏安全感，对自己产生过怀疑。不妨教孩子提醒自己：在优点和长处各方面并不输给别人，要特别强调自己的才能和成就。

11分以下：说明孩子对自己显然不太有信心。她过于谦虚和自我压抑，因此经常受人支配。教孩子从现在起，尽量不要去想自己的弱点，多往好的方面去衡量。先学会看重自己，别人才会真正看重你。

赶走女孩心中的雾霾，让她更乐观

这样培养乐观的女孩：

- 让女孩生活在温馨的家庭氛围中
- 教女孩及时赶走不良情绪
- 批评女孩时，不妨多用“乐观方式”
- 帮助女孩卸掉沉重的心理负担

对每一位家长来说，谁不希望自己的女儿脸上能够常常挂满笑容?而要拥有这灿烂的笑容，除了家庭和社会为女孩创造一个轻松愉悦的氛围之外，最主要的还是女孩自己要有一个好心态，要乐观。只有乐观的女孩才能找到快乐的钥匙，而一个乐观的女孩也更容易获得大家的好感和亲近感，更能展示自己的魅力和抓紧身边的幸福。

然而，天性敏感的女孩，就像是温室里的花朵，哪怕一点点负面的“风吹雨打”都有可能令她们陷入不良情绪之中。因此，女孩的家长们在日常生活中不要让自己不好的情绪影响到孩子，而是用乐观的生活态度来感染和影响自己的女儿，让她们在积极的生活态度下茁壮快乐地成长，要知道一个乐观的女孩所展现出来的魅力，远比聪明、漂亮更重要。

王琦12岁时，父亲因病去世。自从父亲去世之后，王琦就整天闷闷不乐。为了让王琦变得乐观起来，妈妈给她讲了一个故事。二战时期,犹太精神病专家弗兰克在法西斯的集中营里失去了妻子、孩子及一部倾注了毕生心血的手稿，一下子变得一无所有。换成别人的话，肯定早已痛不欲生了，但他却坚强地选择了活下来。后来，弗兰克不禁问自己,为什么有些人在艰难的环境中很快就绝望而死，而另一些人能够活下来，而且变得更加坚强呢?经过研究，他得出了一个结论：这种天壤之别是人生态度的差异造成的。面对灭绝人性的法西斯的暴行，弗兰克说：“有一种自由是无法剥夺的，那就是我们在任何情况下选择自己人生态度的权利，这种选择决定了我们的人生。”

讲完这个故事后，妈妈告诉王琦：“我们应该向他学习，因为乐观的人会变得坚韧，悲观的人会变得脆弱。乐观和悲观都是人生的一种态度，无论你选择什么样的态度，都一样要度过这一生的，那为什么不以乐观的态度和笑脸面对每一天呢？”

王琦看着妈妈难过地说：“我不知道怎么样才能乐观起来，我很早以前就不会笑了。”

妈妈说：“什么是乐观？乐观就是无论碰到什么样的困难和问题，都尽量往好的方面想！比如下雨会给我们的行动造成不便，但我们也不必因此感到郁闷。我们可以这样想：这雨下得多及时啊，田里的秧苗、花园中的花草，多么需要这场雨水的滋润啊！记住，凡事往好的方面想一想，每天都试着露出笑脸，就是一种乐观的生活态度！”

妈妈的话触动了王琦，从那之后，她的生活真的发生了很大的变化，她不再每天都板着一张脸，开始主动跟同学接触了，试着去微笑了，她的心情也开始变得明媚灿烂。

为了让女孩在以后的生活中更加快乐、幸福，家长们要对女孩进行正确而积极的引导。

1. 让女孩生活在温馨的家庭氛围中

家庭气氛、家庭成员之间的关系是和谐还是糟糕，会对女孩的性格产生很大的影响。一个充满了吵闹和打骂声的家庭，是不可能培养出快乐的孩子的。心理研究发现，在和睦家庭中成长起来的孩子，成年后能愉快生活、健康成长的，比不幸家庭成长起来的孩子要多得多。对于孩子而言，那种因为“生活如此美好”而产生的快乐，比一件新玩具或者一盒香甜的糖果所带来的快乐会持续得更久，意义更深远，也是使孩子产生良好情绪的基础。

2. 教女孩及时赶走不良情绪

生活中，孩子遭遇一些困难和挫折是在所难免的，即便是天性乐观的孩子，情绪也会受到一些负面影响，会感觉沮丧和不安，甚至有时会产生悲观的想法。因此，每当发现女孩遇到困境时，家长应该多留心她的情绪变化。如果女孩脸上表现出闷闷不乐的表情，那么，家长无论有多忙，都要抽出时间和她聊一聊，及时指导女孩排除心理障碍，使她们的不良情绪及时、迅速地得到化解。

有一天，吴敏敏放学回到家之后，连招呼都没有给妈妈打一个，就闷闷不乐地走进了自己的房间，而且狠狠地关上了门。妈妈看到吴敏敏难看的脸色，就知道一定发生了什么事情，于是吃晚饭时就问女儿："敏敏，今天学校有什么高兴的事吗？"

吴敏敏嘟着嘴，声音低沉地说："哪里有什么高兴事，烦心事倒是一大堆。"

"怎么回事啊？我女儿不是一向都很快乐吗？怎么遇到烦心事了告诉妈妈好吗？"妈妈温和地问。

这时，吴敏敏有些伤心地说道："今天班主任让全班同学推选一个人当班长，只有几个人选了我，其他大部分的人都选了班上另一个同学。"

妈妈笑了一下，说："同学们选另外一个同学当班长，一定是那个同学身上的优点大家都知道，而且都喜欢，所以你应该继续努力，让更多的人认识到你的优点和闪光点，这样说不定下半学期同学们就会选你当班长了。"经过妈妈的一番开导，吴敏敏的脸上又露出了笑容。

孩子心中的大事，在家长的眼中或许是无足轻重的小事，但家长们一定不要忽视这件“小事”对孩子情绪的影响，尤其是对敏感、容易受挫的女孩，要随时注意不良情绪对她的影响，并且及时有效地与她进行沟通，引导女孩赶走心中的阴霾，重新找回自信、乐观的生活态度。

3. 批评女孩时，不妨多用“乐观方式”

女孩天性娇弱，正因为如此，很多家长对女孩总是视为掌上明珠，“含在嘴里怕化了，捧在手心怕摔了”，一点都舍不得批评。当然也有一些家长，认为女孩绝对不能娇惯，批评时不能嘴软心软。这两种方式，都是不可取的。教育专家们已经指出：批评孩子的方法正确与否，很大程度上影响着他们日后的心态。

那么，怎样批评女孩才不会使她陷入悲观的情绪中呢？在生活中，批评孩子的方式有两种，一种是乐观的方式，即认真告诉女儿她所犯的错误，并且暗示她，只要她付出努力，错误是可以改变的，同时还可以为她确定一个改正错误的计划和时间，这样的批评方式不但对女儿起到了良好的教育效果，而且又不会让女儿受到伤害。

另外一种是悲观的方式，即严厉地批评和责骂女孩的错误行为，这种批评方式很容易挫伤女孩的自尊心，给其造成很大的心理压力，甚至可能会给女孩幼小的心灵造成很难弥补的伤害。

作为家长，如果女儿做错事，不得不批评她，应尽量使用不会让孩子受伤的乐观方式，避免采用悲观方式。

4. 帮助女孩卸掉沉重的心理负担

很多家长们对孩子的教育非常重视，为了让孩子“成才”，从孩子很小的时候开始，就让她学习外语、绘画、钢琴等，也不管孩子是不是喜欢、能不能承受，每天都只管为孩子安排紧凑的生活，这种做法其实是不可取的。

孩子的童年应该是无拘无束、轻松自在的，孩子可以选择是不是一定要上午练钢琴、下午学书法或者晚上学英语，她可以选择自己真心喜欢的去做。父母不要从小给女孩太多压力，而应该告诉她：“宝贝，如果你对这个没兴趣，可以选择你喜欢的……”这样，女孩才能生活在快乐之中，才会对明天充满美好的期许。

养育女孩小贴士

快乐女孩培养的 12 要点

1. 给她随意玩耍的时间。
2. 确保孩子吃得健康。
3. 鼓励她多运动。
4. 经常拥抱她。
5. 用心聆听。
6. 教导她关怀别人。
7. 教导她解决问题。
8. 放弃完美主义。
9. 笑口常开。
10. 有创意地赞美。
11. 激发她内在的艺术天分。
12. 给她表演的舞台。

为女孩注入勇气，让她不再胆小怯懦

勇敢的女孩是这样培养出来的：

- 不要给女孩贴上“胆小鬼”的标签
- 带着女孩参加训练勇气的项目
- 给女孩足够的安全感
- 让勇敢成为女孩的一种习惯

勇气是一种来自内心的强大力量，当一个人的心中满怀着勇气时，就会对即将要做的事情充满动力。勇气会驱使着人勇往直前，在遇到挫折时，不畏惧，不回避，勇敢地去面对，去接受一切挑战。

没有勇敢的尝试，就无从得知事物的深刻内涵，而勇敢去做了，即使失败，也由于对痛苦的亲身经历而获得宝贵的体验，从而在命运的挣扎中，愈发坚强、有力，也愈接近成功。

因此，家长们一定要在女孩的心中注入勇气，让她不再胆小和怯懦，勇敢地面对人生，面对未来。

勇气并非是天生的，家长们可以通过后天的培养来提升女孩的勇气。下面是几种可以采纳的方法。

1. 不要给女孩贴上“胆小鬼”的标签

有的时候，女孩之所以会本能地把自己当成是一个“胆小鬼”，是因为家长在不经意间给她贴上了“胆小鬼”的标签。比如，有些家长会说：“你胆子怎么这么小？”“你怎么这么容易受惊吓？”“你真是太脆弱了！”

一旦这些标签内化为女孩的一部分，它们就会很容易影响到女孩对自己的认知。所以，家长们必须明确的一点是，孩子是不需要标签的，不要用“胆小”“懦弱”来形容女孩，多鼓励她，激发她内心勇敢的一面吧。

2. 带着女孩参加训练勇气的项目

乐乐的妈妈为了使乐乐变得更加勇敢，经常带着她去参加体育锻炼，而且会有意让乐乐加入一些训练勇气的项目，比如玩勇敢者游戏、练习碰撞等。乐乐很喜欢在游戏中和妈妈进行较量，并在这个过程中逐渐增长了力气，更学会了如何保护自己。

有一次，乐乐在玩耍时不小心摔了一跤，手掌被擦破了。乐乐顿时眼泪就落下来了。乐乐的妈妈没有责怪她的顽皮，也没有搂着她心疼地安慰，而是一边帮她处理伤口，一边对她说：“你已经是个大孩子了，这点小伤没事的。上次和妈妈玩勇敢者游戏时，摔那么疼，你都没有哭，所以妈妈一直认为你是一个非常勇敢的女孩子，待会儿妈妈教你怎么处理伤口，好不好？”乐乐听完，点点头说：“妈妈，我不怕，我也不哭，我可是勇敢的孩子。如果有其他小朋友受伤了，我也可以帮他们包扎。”

在上面的案例中，乐乐的妈妈是一位明智的母亲，她不但教会女儿勇敢，还教会女儿如何在生活中保护自己。其实，女孩的勇气就像人生航船上的风帆，纵使狂风暴雨来袭，只要风帆鼓起，她们就有力量冲破一切阻碍。

3. 给女孩足够的安全感

一个人最害怕的就是失去安全感，尤其是对这个复杂的世界还处在朦胧意识状态的女孩，她们面对事物的不确定性，常常会觉得害怕、担忧和彷徨，因此很容易表现出胆怯、缺乏自信心。

李涵今年上小学三年级，是一个极度缺乏安全感的女孩，什么事情都喜欢依赖妈妈，而且就像妈妈的“跟屁虫”，一刻不离地紧随其后。

李涵的妈妈让女儿和邻居的孩子们一起玩，但是李涵只是拽着她的衣角，死活都不撒手。有时候让她单独去公园玩滑梯，她都要紧紧握着妈妈的手，怎么也不松开。晚上睡觉时也一定要妈妈陪着她，爷爷、奶奶、爸爸陪都不行。假如妈妈没有及时抓着她的手，或者有些时候不在她的身边，她就会哭鼻子、发脾气。

每天早上送她去学校，李涵的妈妈都非常头疼，因为李涵总是又哭又闹地非要她陪着上课，怎么哄都不行，每次李涵的妈妈只能狠心把她推进教室里，然后转身快速离开。

李涵的妈妈如果再不采取科学有效的措施改变女儿过度依赖自己的情况，以后一定会对李涵的生活造成不良的影响，因为过度依赖父母、缺乏安全感的孩子，很容易对外界的人和事物产生害怕的心理，不愿意主动去接近、探索和了解，长此以往，孩子就会失去自己的判断力、认知力和观察力，根本无法独立生活。

因此，父母要学着从女儿的生活中“消失”，给她创造一个安全的环境，让她学着信赖自己，建立起自信，从而独立面对生活。

4. 让勇敢成为女孩的一种习惯

拥有勇气并不意味着女孩们从此就不会再受到恐惧的侵扰。事实上，恐惧不可能完全从人们心底被清除出去，即使那些内心充满勇气的人，也偶尔会受到恐惧的惊吓与折磨，只是他们在这样的情况下，也能激励自己勇往直前，去采取行动。他们之所以能克服恐惧，原因在于，勇气和恐惧一样，都只是一种习惯。所以，家长们不妨为女孩建立一种勇敢的习惯，让她在无论遇到什么事情时都能勇气当先。越是勤奋地练习使用勇气，就越有勇气去面对一切恐惧。面临威胁和挑战时，一旦形成“勇敢地采取行动”的习惯，女孩就会向着解决问题的方向迈进。

5. 在家不要过于宠溺女孩，学会适时放手

胆小的女孩在熟悉的环境中往往能够做到自信地表达自我，敢说敢做，即使犯了错误也不会表现得畏畏缩缩。然而，一旦她们来到了一个相对陌生的环境或面对比较陌生的人，就会缺乏信心，不敢表达，尤其害怕失败。这样的女孩有一个共同特点，就是在家中受到过多的宠爱与纵容，欠缺与社会的接触，这不免使其对公共场合、集体活动产生了未知的恐惧。

所以，在家时，家长们应该注意不要过度宠溺女孩，凡事让她由着性子，或事事替她包办，在适当的时候，要学会放手，鼓励孩子做力所能及的事情，让她多到社会上去见识见识。眼界和胸襟开阔了，知识丰富了，孩子会更加勇敢、自信、开朗。

养育女孩小贴士

女孩缺乏勇气的原因

1. 性格内向，要在她认定为安全的环境下才能自信地展现自我。

2. 家长对女孩的要求太严格，常要求她像大人一样做事，让孩子感到不知所措。

3. 家规过于严苛，对于孩子感到好奇的东西，不准摸、不准玩，甚至不准问，久而久之，孩子也就变得不敢去轻易尝试。

4. 家长脾气暴躁，动不动就对孩子发脾气，孩子动辄得咎，变得谨小慎微。

5. 孩子对突然变化的环境适应不良。

05

培养好品行，让女孩创造好未来

责任：成就一生事业的基石

4 个方法，让女孩成为有责任心的人：

- 拒绝溺爱，让女孩自己的事情自己负责
- 适当“示弱”，让孩子品尝责任感的快乐
- 让女孩养成做事有始有终的好习惯
- 女孩无理哭闹时，不关注、不妥协

当一个人承担自己应该负起的责任时，会认识到，责任不只是对别人负责，同时也是对自己负责。她在承担这份责任时也会切切实实地感受到自身的价值，以及自己所获得的尊重和认同，从而获得心理与精神上的满足。正因为如此，很多家长都希望自己的孩子能成长为一个有责任感的人。责任感不像知识和能力那样显而易见，它体现在为人处世的每一件小事上。一个人是否具有责任心，从她的举手顿足就能看出来。

一个对自己有责任感的女孩，不会轻易地放纵自己；一个对工作有责任心的女孩，不会对领导分派的任务敷衍了事；一个对家庭有责任心的女孩，不会每天夜不归宿，让父母焦急地等待……一个有责任感的女孩，才可能汇聚所有女人应该具备的优点，即自强、自立、自爱；一个具有责任感的女孩，才可能在漫漫人生路上寻找到属于自己的幸福。

作为父母，只有尽早培养女孩强大的责任心，才能够让她们变得与众不同。所以，生活中，家长们要像给予孩子身体营养一样培养孩子的责任感，让她随着岁月成长的不只是身体和智慧，还有对自己、对他人、对集体、对社会的责任。

下面的四个方法，会让女孩成为一个有责任感的人。

1. 拒绝溺爱，让女孩自己的事情自己负责

很多家长都把孩子当成掌上明珠，恨不得衣食住行全部代替她们去做，有些女孩因此养成了“衣来伸手，饭来张口”的习惯。这样的女孩，怎么可能会有对自己、对家庭、对社会的责任感？

要想培养女孩的责任感，家长们首先要做的，是对溺爱说“不”，让女孩学会自己的事情自己做，自己的责任自己承担。

需要注意的是，有些“聪明”的孩子一旦发现自己“表现无能”就能逃避去做一些事情，她就会有意地表现出自己做不来某件事，以此来逃避责任。因此，家长们不要因为孩子做事情做得慢或者做得不够好而越俎代庖。孩子是不是以最快的速度把餐具摆放得井井有条并不重要，重要的是她应该慢慢学会怎样来布置餐桌，能够体会到自己动手的快乐。

2. 适当“示弱”，让孩子品尝责任感的快乐

生活中，如果家长在女孩面前稍微“示弱”，多给她一些表现自己的责任感的机会，那么，女孩通常会抓住这个机会，像大人一样承担起责任。

7 岁的微微在生活上很少让妈妈费心，比如，过马路时，微微的妈妈从来不会像别的父母那样，大声嘱咐孩子：“慢点，看车！”很多时候，反而是微微拉着妈妈的手一边过马路，一边说：“妈妈，我领着你。”

邻居们看到微微这么小就这样乖巧有责任感，就询问微微妈妈教育孩子的秘方。这时，微微的妈妈总是笑着说：“我总会在女儿的面前适当地‘示弱’，比如出门时，我会告诉她自己不会过马路，而且很容易就迷路，让她领着我过马路；在商场买东西时，我会对她说：‘妈妈力气太小了，这些东西拎不动了。’这时她就会主动过来帮助我……每当女儿帮助我以后，我都会大大夸奖她一番，所以很多时候她都像一个小大人一样帮助我、照顾我。”

能够像大人一样承担责任，对孩子来说，是一件值得骄傲的事情。如果这样做能让她得到积极的肯定和赞扬，那么她就会更主动地去承担更多的责任。

同时，在这个过程中，女孩也会体会到更多的快乐和成就感，这在无形中给她增加了自信心和做事情的勇气，养成她一直负责到底的好习惯。

3. 让女孩养成做事有始有终的好习惯

培养女孩的责任心，是需要坚强的意志力和持之以恒的态度来维持的，而这恰恰是很多女孩所缺失的。女孩们的好奇心都很强，但是缺乏自制力和坚持性，做事很容易三分钟热度，有时遇到挫折就打退堂鼓，做事情半途而废的情形时有发生。

因此，家长们要想增强女儿的责任心，就要在日常生活中引导她养成做事有始有终的好习惯。比如，让女孩独立去完成一些事情，可以是由小到大，由易到难的一些事情，父母不但要全程监督，而且发现问题要及时纠正，决不允许孩子半途而废，直到孩子最后坚持完成，然后对她进行重点表扬。

4. 女孩无理哭闹时，不关注、不妥协

当女孩任性地哭闹不止时，如果家长一次次地妥协，就会强化孩子用哭闹的行为去达到逃避责任或满足无理要求的意识，而且这也会不断强化家长用妥协对付孩子哭闹的行为。这种错误的强化模式，会形成一种恶性循环，让女孩的“自我中心”意识越来越严重。

其实，面对孩子无理的哭闹，家长应该采取的正确态度是：不关注、不妥协，或者给孩子一个自我调节情绪、停止哭闹的时间，如果她到时还在哭，就要受到相应的惩罚。这种惩罚不是责骂或皮肉之苦，而是剥夺她的一些特权，比如取消她晚上看喜欢的一部动画片的权利等。

养育女孩小贴士

扼杀女孩责任心的 6 件事

1. 破坏性的批评。
2. 过分严厉，使孩子不敢负责任。
3. 越俎代庖，家长包办一切。
4. 对孩子不信任。
5. 对孩子不放心，时刻监督孩子。
6. 家长的负面榜样作用。

诚信：一诺值千金

家长应该这样教女孩保持诚信：

- 教女孩谨慎对待自己的承诺
- 教女孩不要做出自己无法兑现的承诺
- 教女孩要给自己留下余地
- 给女孩做好示范

诚信，是一种力量。诚者，为人之基。信者，立命之本。诚信虽然没有标价，但是能够让人的心灵保持高贵。诚信是一个人最宝贵的财富，只有拥有这种品行的女孩，才会拥有美好的未来。

第二次世界大战爆发之前，德国柏林有一个巴比纳信托行，其中有一个雇员叫作西亚，是一个善良的女孩。

战争爆发以后，巴比纳信托行的老板为了躲避战争，带着自己的财产和家眷逃之夭夭，其他雇员们也都作鸟兽散。西亚带着该信托行的账本、托管文件及一颗未被顾客取走的价值50亿马克的红宝石，为了躲避战乱到处奔走。西亚不管走到哪里，不管遇到了什么困难，都始终信守托管行的信誉，保管好上述物品，后来，她得知该行的老板和宝石的主人都已经在战争中死去。照理说，这些财富已经没有了主人，即使西亚据为己有，也无人知晓。但西亚没有这么做，她始终如一地保管着这些物品。战争结束以后，西亚把该信托行的账目和托管文件全都交给了政府办的博物馆，并在政府的帮助下，找到了那颗宝石主人的孙子。

西亚的事迹被登载到了报纸上，人们纷纷赞扬她的诚信与执着。有人提议让她当商会顾问，还有几家大型信托公司请她出任荣誉总裁，但都被她谢绝了。在西亚去世后，柏拉图信托公司将自己的名字变更为西亚信托公司，该公司总裁说："西亚已经不是一个人的名字，而是一种代表诚信的企业精神。"果然，自从更名之后，这家信托公司的交易量一路攀升。

拥有诚信的女孩能够创造无限的价值，因为当她把诚信当作是一种信仰和自己必须应该承担的责任时，就会在无形之中赢得人们的支持和信赖，无穷无尽的财富也因此而产生。

相反，如果一个人不将诚信作为自己立足社会的基本准则，那么最终得到的将是出局的下场。

朱小华是法国某名牌大学留学生，成绩一直非常优异。毕业后，她打算在法国开拓自己的事业。令朱小华没有想到的是，自己的求职路途竟然布满障碍。她拜访了很多家大公司，但都不明缘由地被婉拒了，最后她不得不降低要求，选了家小公司去应聘，最后也被拒绝了。朱小华百思不得其解，她决定问个水落石出。

面对朱小华的质问，对方表现得出奇的安静，嘴角还若有若无地挂着一丝冷笑。她示意朱小华坐下，然后从电脑人才档案文件里调出一份诚信记录。

朱小华略略扫了两眼，羞愧得一言不发，逃一般地离开了这家小公司。

原来，朱小华大学期间曾经在法国某知名皮具专卖店兼职做营业员，表现非常不错。然而，就在将要结束兼职生涯时，她却犯了一个致命的错误。

那一天，店内其他人员临时有事离开，生意也挺清淡。四顾无人之下，朱小华不由自主地就将柜台中的一个钱包揣进了自己的兜里……

后来，店主一行人回来之后，朱小华依旧表现得若无其事，店主似乎没有发现，也没有追查，这让朱小华着实庆幸和得意了一阵子。

然而，朱小华不知道的是，当她把手伸向那个钱包时，店内的摄像头已经捕捉到了她的一切……

朱小华万万没有想到，自己最后竟然是输在了这次钱包事件上！诚信，从此让她刻骨铭心。

女孩是否能赢得事业的成功、拥有幸福的人生，在很大程度上是由她的诚信品德决定的。诚信不仅是一个人的品行和人格魅力的闪光点，而且是孕育并成就未来的基石。

让女孩成为一个诚信的人，家长们首先要做的，是让她养成一诺千金的习惯，不要轻易许诺，一旦许诺，就要说到做到。

1. 教女孩谨慎对待自己的承诺

家长们应该教育女孩要谨慎对待自己的承诺，如果必须做出承诺，首先要考虑自己践诺的能力，承诺不应超过自己的能力范围。而一旦做出承诺后，就一定要践行承诺。随意向别人许诺，虽然一时可以用诺言满足对方，但是，这“慷慨”注定会带来苦果。

2. 教女孩不要做出自己无法兑现的承诺

有一个生意人在临死之前决定把自己总结出来的经商经验传授

给自己的儿子，他说："如果你希望成为一个成功的商人，那么，必须牢牢记住两点，一是信守承诺，二是聪明。"

"怎么才叫作信守承诺呢？"儿子问。

"假如你和别人签订了一份合同，然而，签了合同以后你才发现，这份合同将会使你欠下巨债，尽管如此，你也要履行合同。这就是信守承诺。"

"那怎么才叫作聪明？"

"聪明就是你一开始就不要签这份合同。"

这虽然只是个故事，却说明了一个道理：一个人一旦给出了承诺，就要兑现，无论难度有多大，但聪明的人懂得不去承诺自己根本无法兑现的事情。

要想让女孩做到不失信于人，最好的办法就是教她不要做出自己无法兑现的承诺。如果确定别人的某些期望是不可能得到满足时，就千万不要给他承诺。因为当对方发现这个承诺其实只是空谈时，会更加失望，甚至损害到彼此之间的关系。

3. 教女孩要给自己留下余地

有些女孩总是轻易向别人做出承诺，最后当发现自己做不到时，就会非常困窘。对此，家长们可以教女孩在向他人做出承诺时，不要把话说得太满，要为自己留有余地；即使有能力办到的事，也可以用"给我一次机会"一类的话语来代替承诺。这不是要"滑头"，而是一种负责任的态度，因为事情的发展总是千变万化的，没有人能够准确无误地说出下一分钟会发生什么。只要能珍惜并把握好"这一次机会"，在解决实际问题的过程中，讲求实效，不拖拉、不哄骗，及时与对方沟通事情进展的情况，就足以获得对方信赖了。

给自己留下一定的回旋空间，靠着这个空间，女孩就不会失信于人了。

4. 给女孩做好示范

在诚信方面，家长的示范作用非常重要。有些家长会觉得孩子还小，好哄，就经常向孩子开“空头支票”，认为孩子转头就会忘记，殊不知，这无形中就在孩子的心目中形成了“父母的话未必可信”的印象。久而久之，家长的话对孩子不再有威信，孩子也会慢慢忽视诚信的可贵，甚至会效仿父母，随意承诺，失信于人。

所以，在日常生活中，家长一定要认真对待自己给孩子的承诺，不要为了应付孩子而随意许诺，更要从自身做起，“言必信，行必果”，给孩子做出好榜样。

养育女孩小贴士

曾子是这样教孩子诚信的

孔子有个学生叫曾子。有一次，曾子的妻子要上街，儿子哭闹着要跟去，妻子就哄他说：“你在家等我，回来给你杀猪炖肉吃。”孩子信以为真。

妻子回来，见曾子正磨刀准备杀猪，赶忙阻拦说：“你真的要杀猪给他吃？我是哄他的。”曾子认真地说：“对小孩子怎么能欺骗呢？我们的一言一行对孩子都有影响，我们说了不算数，孩子以后就不会听我们的话了。”说完，曾子真的把猪杀了。

曾子言传身教、以身作则，为后世传颂。

感恩：生活中的大智慧

这样培养女孩的感恩之心：

- 感恩，从感谢父母之恩开始
- 让女孩懂得感恩生活，热爱生活
- 通过生活的点点滴滴，让女孩懂得时刻感恩
- 家长要以身作则，常怀感恩之心

感恩之心是每个人生活中不可或缺的阳光雨露，一刻也不能少。无论一个人是何等的尊贵，或是怎样的卑微，无论她生活在何地何处，或是有着怎样特别的生活经历，只要胸中常常怀着一颗感恩的心，生活中就会有一处处动人的风景。

对于一个女孩而言，拥有了感恩，她就拥有了一种无可比拟的气质和魅力；拥有了感恩，她就拥有了无比灿烂的光环；拥有了感恩，她可以开拓更加精彩的人生，打造属于自己的“爱的天国”。

因此，感恩是女孩必修的一堂心灵成长课。作为家长，要少给女孩溺爱，让她学会感恩，只有这样，她们的感恩之心才会被激发，才会播撒心中爱的种子。

家长要培养女孩的感恩之心，可以从以下几方面入手。

1. 感恩，从感谢父母之恩开始

在人的一生中，对自己恩情最深的莫过于父母，因此，教女孩学会

感恩，首先要让女孩从感谢父母开始，要让孩子知道，即使是来自父母最简单的衣食、最质朴的关怀，也无不倾注了父母对她的爱。这种爱是独一无二的。这样孩子才能珍惜自己拥有的一切，理解并疼爱父母。

有这样一个故事：

在一个星期六的晚上，有一个孩子给妈妈写了一份账单：

1. 帮妈妈到超市买食品，妈妈应付 5 元；

2. 自己起床叠被，妈妈应付 2 元；

3. 拖地板，妈妈应付 3 元；

4. 我今天很听话，妈妈应付 10 元。

以上合计：20 元。

孩子写完后，把纸条压在餐桌上，便上床睡觉去了。收拾完家的妈妈看到这张纸后，宽容地笑了笑，并在上面添了几行字，放到孩子的枕边。

第二天，从睡梦中醒来的孩子，看到了这样的一张账单：

1. 妈妈含辛茹苦怀胎十月生下你，应付 0 元；

2. 妈妈教你走路，说话，应付 0 元；

3. 妈妈每天为你做好吃的食物，应付 0 元；

4. 妈妈每个周末陪你去儿童乐园，应付 0 元；

5. 妈妈每天为你祈祷，希望你成为天使般可爱的小女孩，应付 0 元。

以上合计：0 元。

孩子看完这张纸条，愧疚得说不出话来，她偷偷地藏起了这张纸条，开始更加勤快地帮妈妈做家务，再不提这件事情。

在日常生活中，父母应该时刻创造条件启发孩子学会用感激、感恩的心态去面对自己的付出，让孩子先从感恩父母开始，比如让孩子知道父母为自己做事后要说“谢谢”等，通过这种小的事情、小的情绪让孩子熟悉这种感恩的状态，并最终知道如何表示自己的感恩。

2. 让女孩懂得感恩生活，热爱生活

生活是一面镜子，你对着它笑，它也会对你露出笑脸。你对着它哭，你看到的也会是一张哭泣的脸。所以，请教你的女孩感谢生活吧。当她吃着可口的饭菜时，应该感谢大自然的赏赐；当她遭遇困难与挫折时，应该感谢生活给予她快速成长的机会；当她拿着丰厚的薪水去给父母亲人买礼物时，应该感谢工作带给她的机会与挑战；当她跌倒在地时，应该感谢生活赋予她坚持爬起来的勇气……

黄美廉在出生时因为医生的错误判断，导致脑部缺氧，形成严重的脑麻痹。她的五官变得扭曲，四肢不受控制，会不停地抽动，说话也很困难，甚至到两岁时都坐不起来，现在的她走起路来还是不能走直线。美廉的妈妈不忍心看自己女儿长大后变成一个没用的人，就亲自教导她学习。5 岁时，美廉开始学写字，因为不能控制自己的手，笔总握不好。她的妈妈花了一年的时间才教会她怎样写字。

尽管她的路比别人走得艰辛，付出的泪水和汗水比别人多，黄美廉却靠着坚忍不拔的毅力和对生活的热爱，在人生的道路上取得了一个又一个的成功，她不但成功地拿到了美国南加州大学的艺术博士学位，而且还举办了自己的画展，并被请到各地演讲。在台湾

的一次演讲中，有一位学生向黄美廉提了一个尖锐的问题："黄女士，你从小就变成了这样，你会不会怨恨老天的不公？"

现场顿时安静下来，大家都担心地看着黄美廉，只见黄美廉的脸上依然充满笑容，她转过身去，在黑板上写道：

1. 我很可爱！

2. 我的腿很美！

3. 我的爸爸妈妈很爱我！

4. 上帝会公平地对待每一个人！

5. 我会画画，我会写稿子！

6. 还有很多生活方式让我热爱……

虽然身体是残缺的，但是黄美廉始终对生活充满感恩，并且有这么多热爱生活的理由。如果你的女孩也像黄美廉一样懂得感恩生活，她的人生一定会洒满灿烂的阳光。

3. 通过生活的点点滴滴，让女孩懂得时刻感恩

感恩的心不是与生俱来的，也不是一朝一夕就能养成的，家长们必须通过生活中的点点滴滴，让女孩懂得时刻要感恩。

比如，当有人送给女孩礼物时，要教女孩感谢他人的赠送；当老师批改完作业，要教女孩感谢老师的辛勤和付出；当有朋友陪女孩玩耍时，要提醒女孩感谢朋友的陪伴……只要善于发现生活中的细节，每位家长都可以在生活中发现契机，从细节上教育女孩懂得感恩。

4. 家长要以身作则，常怀感恩之心

女孩是否怀有感恩之心，与她生活的环境、所受到的教育密切相关。

父母是孩子的第一任教师，父母的一言一行、一举一动都将对孩子产生潜移默化的作用。因此，作为父母，我们自己首先应该常怀一颗感恩之心，尊老敬老，善待我们身边的人和事，无论是对领导还是亲戚朋友，只要他们曾经帮助过自己都应心存感激。

在家庭生活中，父母和子女间要相互尊重、关爱和体贴，既要共同承担家庭的责任和义务，又要共同分享家庭的利益，相互间要多用“谢谢”“对不起”等文明语言。父母在日常生活中表现出来的这种态度和行为，对自己的孩子会起到很重要的熏陶作用。

只要父母坚持做到以身作则，言行一致，让孩子感到榜样就在身边，那么“感恩教育”就已经成功了一半。

养育女孩小贴士

以节日为契机教女孩感恩

节日体现了人们对美好生活的向往和追求。挖掘节日内涵，有目的、有选择地把感恩教育融入节日活动中去，激发孩子对生活的美好情感和感激之情，是对孩子实施感恩教育的一种有效形式。

比如，每年的“教师节”“老人节”“母亲节”“父亲节”等都是开展感恩教育的好时机。

分享：懂得分享的女孩最美好

这样做，女孩才会懂得分享的美好：

- 让女孩懂得分享比独占更让人快乐
- 理解女孩独特的价值观
- 把“好”东西与女孩分享

分享是一种美德，分享不但能给别人带来幸福，还能让自己感到快乐。分享是每个女孩都应该具备的优良品德。让女孩从小学会分享，不但能够增进她与人交往的能力，更可以提升她的办作能力、理智思考能力，为她未来的成功增添砝码。

有两个探险家，相约一起穿越一片荒僻的原野，一路上，他们经历了与死神的无数次较量，终于看到远处出现了一个小村庄。

探险家们好几天都没有吃饱饭了，于是他们请求围观的村民们给自己一点食物，让他们充饥。

因为天气干旱，村民的收成一点也不好，谁也不愿意把本就不多的粮食分给这两个探险家。探险家们相视一眼，其中一个年轻人说：“你们没有食物招待我们，我们能理解，也不会怪你们的。不过我们倒是有一个方法可以跟大家分享，或许能让大家都填饱肚子。”

村民们听了以后，都很好奇：“什么方法？”

探险家神秘地说：“我们能用石头做汤。”

村民们一下子围拢了过来，都想学会用石头做汤的诀窍。

两个探险家在村里的一块空地上点起了一堆火，把从村里借来的一口大锅架在了火上。等到锅里的水烧开了以后，探险家把三块光滑的石头放进了沸腾的水里，然后对村民们说：“再煮一小会儿，石头就能煮成美味的汤。”

村民们看着那口锅，静静地等待着。这时，年轻的探险家说：“要是汤里能放点盐，再来点西红柿就好了，这样味道就会更鲜美。”

听了他的话，一个老人说：“真是太巧了，我们家还有一点盐，我去拿来。”村民们都开始想自己家能提供点什么东西。不一会儿，土豆、萝卜、菠菜纷纷被扔到了锅里。大家围坐在锅旁准备喝汤的时候，还有人把自家的一桶酒提了过来。

就这样，村民们和探险家们一同欢聚在了广场上，他们一边吃着可口的饭菜，一边唱歌、跳舞，直到半夜，大家才纷纷散去。

第二天上午，探险家们醒来时，发现村民们全都在等着为他们送行，村长把一背包面包和奶酪递给他们，对他说：“我们要感谢你们，是你们给了我们最宝贵的礼物，让我们学会了用石头做汤。”

其中一个探险家说：“其实根本没有什么诀窍……”

村长打断了他的话，说道：“我们知道，但是我们依然要向你们表示感谢，因为你们让我们知道了，只要人人都拿出一点东西来，就能煮出美味的汤。”

生活中，分享不仅限于吃的、穿的、玩的等有形的东西，还包括心情、创意、想法、意见等无形的东西。分享是一种快乐，更是一种智慧。生活中的父母，如果希望自己的女孩快乐地成长，成为受人欢迎的女孩，就要积极地培养女孩与人分享的能力。

1. 让女孩懂得分享比独占更让人快乐

生活中，一些不愿意与人分享的女孩大都是因为想要自己独占一些东西，女孩之所以会出现这种自私的独占欲望，通常是因为害怕失去或者渴望拥有。对于家长来说，如果你的女孩属于这种情况，那么，你要做的就是让女孩获得充足的满足感及安全感，让她知道，她喜爱的东西并不会因为与人分享而发生变化，这样会让女孩的独占欲逐渐变淡，使女孩变得乐于分享。

秦晓宇是一名住校生。每隔几天，妈妈会去学校看她一次。

一次，妈妈去学校看她时给她带了一袋她最爱吃的巧克力，临走时，妈妈提醒秦晓宇："晓宇，别忘了把巧克力分给你的舍友们一些。"秦晓宇不情愿地说："妈妈，我不想把我爱吃的巧克力分给别人。"妈妈听完，安慰女儿说："家里还有很多巧克力，妈妈下次来的时候再给你带。"

回到宿舍，秦晓宇把妈妈带来的巧克力分给舍友，舍友们都说好吃。看到大家高兴地吃着妈妈带来的巧克力，秦晓宇也觉得很开心，于是干脆把整袋巧克力放在桌子上，让大家自己随意取。

可见，父母要想女儿学会与人分享，应先教女儿学会满足，冲淡她的占有欲望。只有这样，女儿才能放心地与人分享自己的好东西，而不用担心自己能否享用到足够的好东西。

2. 理解女孩独特的价值观

生日时，妈妈送给思雨两支钢笔。

思雨的同桌一直想拥有一支钢笔，看到思雨有两支钢笔，就对思雨说："我用妈妈给我买的两支圆珠笔换你的一支钢笔好吗？"

思雨想：我的同桌也一直想拥有一支属于自己的钢笔，那就分给她一支好了，于是思雨答应了同桌的要求。

回家后，思雨把这件事情告诉了妈妈。妈妈夸奖说："女儿，你做得很对。"

思雨说："是的，妈妈，我也很开心。"

看了上面的故事，身为父母的你是否有所感触呢？如果换作你，你会怎样处理呢？你会理解女儿独特的价值观吗？你会包容女儿的童心吗？

的确，从价格上来看，一支钢笔远比两支圆珠笔贵重，但孩子童真的心不是以物质为标准论轻重的。在她们看来，无论是钢笔还是圆珠笔，都是妈妈送给自己的礼物，有着同样珍贵的意义和价值。思雨的妈妈是智慧的，她能够以孩子的角度去思考问题，并且让女儿保持了自己的童真之心。

3. 把"好"东西与女孩分享

生活中，当女儿想和父母分享自己的一些东西时，如果父母坚决推辞，谢绝女儿的一片好心，久而久之，女儿很有可能就会不再和父母分享好东西，换言之，就是会不再去与人分享了。因此，作为父母，自己一定要先学会坦然地与女儿分享。

曾经的畅销书《哈佛女孩刘亦婷——素质培养纪实》中提到过这样一个故事:

在亦婷很小的时候，妈妈每次给她水果吃时，都会要求亦婷与别人分享。在当时的经济条件下，给孩子买些水果，父母需要节衣缩食，很多时候，父母实在舍不得吃这些“珍贵”的东西，但为了让女儿养成与人分享美好东西的好习惯，父母还是狠心要吃一些，尽管他们通常只吃一点点。

不要小看这“只吃一点点”，它告诉女孩这样一个道理：美好的东西是大家一起努力创造的，也应该大家一起来分享，不能养成“吃独食”的习惯。

很多女孩之所以完全以自我为中心，就是父母舍不得“吃那一点点”造成的。因此，想要培养女孩与人分享的美德，父母首先应学会与女孩分享好东西，只有这样才能让女孩学会与别人分享，才能让女孩获得更多的快乐。

养育女孩小贴士

教女孩分享的4个具体建议

1. 发展同理心。同理心是成功的人际关系的基石，那些从父母身上感受到很多同理心的孩子，能够很早地发展出对他人的同理心。

2. 不要强迫孩子分享。

3. 表扬孩子的分享。帮孩子体验“分享”带给他的美妙感受。

4. 尽可能早地引导孩子去关心别人的感受。

Part 4

女孩成长中的常见问题

好父母幸福养育手记
（女孩篇）

女孩早恋，如何巧妙应对？

正确看待女孩早恋，不强硬干涉

家长应该明白的早恋知识：

- 女孩进入青春期后，对爱情充满好奇和向往是很正常的
- 家长像防火防盗一样防着女孩早恋并不可取
- 反复说教和强硬干涉只会使女孩更加逆反

一提到“早恋”，家长们的脑子里有一根弦儿就马上紧绷了起来，大多数家长都会像防火防盗一样防着女孩早恋。女孩一进入青春期，家长们就立刻“警惕”起来，开始提心吊胆地关注孩子的动向——是不是和某个男孩接触得太过频繁？是不是心思已经不在学习上了？是不是考试成绩有所下滑？……

其实，女孩进入青春期后，在荷尔蒙的作用下，随着性生理的成熟、性意识的萌动，对爱情充满好奇和向往是很正常的。只不过，有些女孩会把这颗好奇的种子埋在心里，等到合适的时候再让它发芽、开花，有些女孩则会大胆地迈出第一步，接受异性抛来的“橄榄枝”，甚至主动追求心仪的男孩。

一发现孩子有早恋的迹象，家长们往往会紧急进入“备战状态”，不是苦口婆心地劝说，就是强硬地采取手段“切断”女孩的恋情。事实上，这样的干预是青春期女孩最反感的，家长的反复说教和强硬干涉不仅让她们心绪烦乱，也让她们感觉到自己不被信任和尊重，认为家长的所作所为都是在“管”她，是她痛苦的来源。因此，这不但不能起到让女孩摆脱早恋的作用，反而还会激化矛盾，使女孩更加逆反。

帮助女孩认识早恋，了解“爱”的真面目

帮助女孩正确对待“早恋三部曲”：

- 主动和女孩讨论爱情
- 帮助女孩分清友情与爱情的界限
- 不要用否定的态度和方式来与女孩讨论早恋这件事

凡事“堵不如疏”，面对女孩的早恋也是如此，要从根源上解决早恋问题，家长们必须采用好的引导方法。

1. 主动和女孩讨论爱情

如今的女孩越来越有个性、越来越自我，因此，在管教她们时，家长们也应该与时俱进，不要再采用过去严父慈母的方式，而应该多与她们交流、走进她们的内心世界。尤其是在早恋的这个问题上，家长们必须认识到，这是一种非常正常的现象，是女孩成长过程中的必经阶段。如果一味地反对、干涉，会给女孩带来极大的心理压力，更有可能导致

家庭关系变得非常紧张。

因此，家长与其把早恋视为洪水猛兽，不如主动与女孩讨论爱情。对于孩子们来说，之所以对爱情如此向往，有一部分原因正在于它是美好而神秘的，是被老师们、家长们所限制的。让一件事情变得稀松平常，最简单的方法，就是让它经常出现在可以讨论的范围中——见怪不怪。

得知女儿李悦谈恋爱的事情后，李爸爸没有像一般的家长那样大发雷霆，也没有放任女儿，而是找了一个时间，与女儿进行了一番深谈。

他问女儿："你了解他吗？你知道他是个什么样的人吗？"

起初，女儿支支吾吾地不肯回答。后来，在李爸爸的引导下，她才带着几分羞怯谈起了自己的男朋友。通过女儿的讲述，李爸爸了解到，这是一个上进、乐观、开朗的男孩，这时，他才稍稍放了心。他没有要求女儿断绝与那个男孩的关系，而是与女儿"约法三章"，要求女儿不能荒废学业，而且绝不能偷吃"禁果"，让她明白如果因为一时冲动做出不负责任的事情，对双方都是一种伤害，并且女孩会付出更严重的代价。

李悦抬头看看爸爸，开心地说道："爸爸，我原本以为你会像其他同学的爸妈一样强迫我与他分手，没想到你这么开明！你放心吧，我答应你的事情一定会做到！"看到女儿这么懂事，李爸爸顿时松了一口气，他很庆幸自己和女儿建立起了良性的沟通渠道，女儿也已经知道自己开明的态度，同时也懂得尊重他。

在和女孩讨论爱情的过程中，家长们还可以向女孩灌输自己对爱情的看法。比如，如果家长经常和女孩讨论"你会喜欢什么样的人"时，就可以从女孩的回答中了解到她的爱情取向，并对她进行价值观的引导，影响她喜欢什么样的人。通过这样的讨论，女孩们不但可以增进自我认识，还可以建立起正确的爱情价值观。

2. 帮助女孩分清友情与爱情的界限

处于青春期的女孩，对爱与喜欢往往难以区分，有时，她们也会把友情误认为是爱情。家长们应该帮助女孩分清友情和爱情的界限，让她们认识到，爱与喜欢虽然有着密切的联系，但两者是截然不同的情感和概念。

比如，爱意味着愿意为对方无条件地付出，却不要求任何回报，而喜欢只代表个人的心理感受，它包含“想拥有，想得到”。当见到喜欢的人或事物时，人们会感觉到快乐；当喜欢达到一定的强度，我们愿意为之付出更多的物质、时间、情感，甚至付出自己的所有时，这种喜欢就上升为爱了。

所以，家长们应该教会女孩区分她对对方的感情到底是一时的喜欢，还是发自内心的真正的“爱”。这样，女孩才不会因为内心对异性的倾慕而影响自己的生活和学习。

家长还应该告诉女孩，真正的爱是宽容，是责任，是体谅，是一辈子的承诺和关怀，不是一时的意乱情迷或者两个人开心地在一起。如果一个女孩做不到自强、自立、自尊、自爱，那么她是没有能力去付出爱，也不可能获得爱的。

3. 不要用否定的态度和方式来与女孩讨论早恋这件事

爱情是美好的，即使女孩过早地陷入感情中令家长们担忧，家长们也不应该用否定的态度来和女孩讨论这件事。否定女孩的“爱情”，就等于把自己与孩子对立起来。这样一来，女孩就不愿意再接受家长给出的任何建议。

用冷静、客观的态度来与女孩沟通，才能让女孩敞开心扉。给予女孩充足的信任感，才能让她们接受家长的建议。让他们坦然告诉家长一切，远比什么都不说要好，而这完全取决于家长的态度。

家长们要让女孩明白，青春期并不是播种爱的季节，它只是准备和学习如何去爱的阶段。在这个阶段，女孩们应该做的是增长自己的知识与本领，让自己拥有独立生活的能力。只有这样，才能让自己自信从容地爱与被爱。

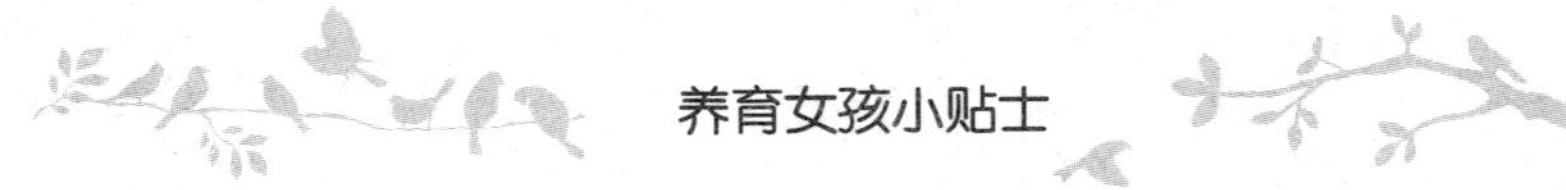

养育女孩小贴士

帮助女孩了解爱与喜欢的区别

社会心理学家鲁宾对爱和喜欢的关系曾经进行了系统的研究，他发现爱不是喜欢的一种特殊形式，爱与喜欢根本就是两种不同的情感。

具体而言，喜欢与爱的区别主要表现在：

1. 不同的亲密要求。相爱的双方不仅有高度的情感依赖，而且会渴望亲密的身体接触，喜欢的要求就相对弱些。

2. 不同的依恋程度。陷入爱河的人在感到孤独时，会强烈地想让对方来陪伴和安慰，而喜欢则不会有同样的表现。

3. 不同的利他表现。爱会让人告诉自己关怀对方的情感状态，觉得让对方快乐和幸福是自己义不容辞的责任。爱会表现出高度的宽容，即使是那些自负、自私的人，在真正爱着对方时也会表现出某种理解、无私和宽容。而喜欢是一旦幻想被打破就有可能消失或转移的情感。

02

女孩热衷追星，如何巧妙应对？

正确对待追星，不谈“星”色变

女孩狂热追星的3大原因：

- 在沉重的学习负担下希望得到暂时的安慰
- 追寻自我
- 寻找榜样

追星，是很多女孩在成长过程中都曾经出现过的现象。尤其是处于青春期的女孩，往往会狂热地崇拜某个明星，比如，反复观看某个明星的作品，把明星的照片贴在床头，参加明星的签售会，关注明星的微博并参与评论，搜集明星的各种生活资料和八卦信息，倾己所有去购买与明星相关的产品，想尽办法要见到自己的偶像等。面对女孩的种种疯狂行为，很多家长都烦恼不已，甚至谈“星”色变。

12岁的陈萌萌是个“追星族”，青春组合TFboys是她的最爱。平日里，父母给她的零用钱，她偷偷存起来，有时还撒谎说自己要买学习用品，实际上却是用这些钱买跟TFboys有关的海报和

CD。

陈萌萌把收集来的海报贴得满屋都是，还用海报给教科书包书皮，她把书拿到学校，引发了同样喜欢 TFboys 的女同学们的一阵尖叫，这让她颇为骄傲。陈萌萌的随身听里全是 TFboys 的歌，只要一回到家，就直接钻进自己的屋子里听音乐，就连写作业时都在听，有好几次妈妈关掉了她的随身听，她却振振有词地说道：“不听他们的音乐我根本写不下去。”

那些“追星族”必备的基本功，陈萌萌也是毫不含糊，TFboys 组合中各成员的生日、血型、兴趣爱好，她统统都知道，哪一期的娱乐杂志有 TFboys 的消息，她都毫不犹豫地买下来，搜集新鲜的资料，讲给同学听，这些让她觉得自己才是最铁杆的粉丝，而当一个铁杆粉丝，是她觉得最为自豪的事情。

对于陈萌萌的行为，妈妈曾经不止一次地说她，可是陈萌萌都不听，反而强词夺理地反驳道：“我又不抽烟，我又不玩网络游戏，不就喜欢听音乐嘛，不耽误学习就行呗！”有时，陈萌萌一个人在房间里看着 TFboys 的海报，会打电话给自己的好朋友诉说情怀：“他们简直太帅了！我真希望现在自己已经工作了，那样的话，不用向父母要钱，自己就能去看他们的演唱会了！”

女孩为什么会如此狂热地追星呢？对这种偶像崇拜的行为，我们应该结合她们生活和成长的具体环境和整体背景进行分析。

从中国教育体制的背景看，女孩们在沉重的学习负担下，通常缺乏自由的时间，得不到足够的放松、对话和交流。激烈的升学竞争、就业压力、简单生硬的德育课，更使她们感到巨大的精神压力。在这种教育环境下，孩子们寻找快乐的本性就在有限的自由时间里投向了“明星”和“偶像”所创造的娱乐天地，希望从中得到暂时的安慰，久而久之，她们就会把自己的热情都投入到追星行为当中去，甚至把追星当作自己的最高价值取向，仿佛她们生来就是为了痴迷这些偶像一样。

女孩追星，从某种程度来说，也是为了追寻自我。当她们在面对纷繁复杂的世界时，难免会感到迷茫与无所适从：“我是谁？”“我从哪里来？”“我要到哪里去？”之所以会产生这样的困惑，是因为她们心中没有建立起一个稳定的自我形象。而这时，她们开始思索自我的意义，并且急需一个看得见、摸得着的活生生的形象作为自我的代表，于是明星出现了。如果明星能够有足以让她们佩服的表演，就会成为被崇拜的偶像。从这个角度而言，偶像是崇拜者的代言人，是崇拜者的理想自我，也是崇拜者心目中的未来。

接受女孩追星，巧妙进行引导

对待女孩追星时，家长的正确态度应该是：

- 与女孩一起“追星”
- 不要诋毁女孩心中的“偶像”
- 告诉女孩，“追星也要讲求品质”

女孩追星并不可怕，可怕的是家长在女儿狂热追星时无法做出正确的引导，让她们迷失了自己前进的方向。聪明的家长懂得利用女孩对明星的喜爱，使她们变得越来越优秀。

1. 与女孩一起“追星”

如果发现自己的女儿不断地搜集明星的资料和相片，作为家长的你会如何处理呢？是理性地面对女儿的行为并对其进行引导，还是不断地责骂女儿？后者只会使女孩更加逆反，在追星的漩涡中越陷越深。其实，与其强硬地要求女孩不要追星，不如与女孩一起“追星”。

下面一位家长的做法，值得每位父母借鉴：

2014 年，有一篇题为《给女儿的一封信：妮妮，爸爸是你的 EXO 吧友》的帖子在百度贴吧走红。写这封信的是一位“70 后”老爸，为了了解“90 后”女儿的精神世界，他悄悄地“潜入”了百度贴吧“EXO 吧”，并手写了 5 页长信就正确追星问题与女儿进行深入沟通，用平等的身份来进行“这一代”与“下一代”的对话，被网友称为“最潮老爸”。

EXO 是目前最火的韩国男子组合之一，吸引了大量的中国年轻粉丝，粉丝自称“行星饭”。百度贴吧“EXO 吧”正是这些年轻粉丝们聚集互动的主要场所。根据网贴内容，这位“行星饭老爸”的“90 后”女儿妮妮即将参加中考，因此爸爸不允许她去外地参加偶像见面会，女儿不理解一时闹情绪。无法当面沟通的老爸只好在贴吧中借 5 页书信吐露心声：“和你说这些时，你总把我当成老古董，可你是否知道，爸爸是你的 EXO 吧吧友？”

洋洋洒洒数千言，透露出这位父亲长期潜伏“EXO 吧”中和“90 后”们交流互动，并深有心得。这位父亲表示，他不仅不反对女儿追星，反而希望女儿能够学习偶像为追求梦想锲而不舍的精神，能够在追星的过程中汲取到人生成长的力量。

引导孩子在热爱中找到正向的东西，是身为家长的必修课之一。当女孩追星时，家长们首先要明白，明星也是人，也有自己的过去和未来。这个时候，父母应该学会巧妙地运用明星的过去，来教导女儿，比如，和女儿一起搜集明星的资料，给女儿讲明星背后的故事，让女儿知道那些光彩照人的明星在未成名之前所付出的努力，教育女儿学习他们的坚韧、执着与勤奋。

总而言之，家长要和女儿一起成长，做女孩最要好的朋友。只有这样，才能引导女孩始终走在正确的道路上，不至于因为盲目崇拜而迷失了方向。

2. 不要诋毁女孩心中的“偶像”

随着女孩年龄的增长，她们的心理也会变得复杂，她们不仅希望自己能得到同伴的认可，还希望自己的喜好也能得到别人的肯定。很多家长对于女孩的追星，往往会采取一种最不明智的做法——诋毁女孩心中的偶像，把他们说得一无是处。面对这样的诋毁，女孩往往会产生强烈的不满，甚至不惜与家长发生冲突。家长的这种做法，在伤害女孩的同时更加深了亲子关系的裂痕。

相信任何一位家长都不希望发生这样的事情，那么，在面对女孩追星时，家长不要把女孩心中的“偶像”当作十恶不赦的罪人，而应该给予她们一定的理解和赞同。

3. 告诉女孩，“追星也要讲求品质”

当女孩心中有偶像时，她们就会不断地模仿偶像的发型、衣着，很多家长经常为女孩的过度痴迷感到烦恼。面对女孩的偏执行为，家长们应该学会正确地引导，让她们在追星的过程中有目的地欣赏。只有这样，她们才不会盲目地追星，甚至模仿明星的造型。

比如，在女孩特别欣赏某位歌星时，父母要告诉女儿，喜欢该歌星不要只因为他的歌声，而应该去关注这位歌星的人品和其他方面的能力，去感受他的内涵，最后为己所用。

只要家长能摆正自己的心态，给予女孩正确的引导，女孩们就会平稳地度过这段“追星期”，这不但不会给女孩的生活带来负面影响，还会成为女孩一生珍藏的美丽回忆。

养育女孩小贴士

女孩追星源于特殊的心理特点

1. 崇拜心理。女孩们所追的星，男的大多英俊潇洒、玉树临风，女的大多漂亮时尚、美丽妖娆，这难免让正处在青春期的少女们羡慕、迷恋、崇拜，甚至疯狂。

2. 从众心理。在女孩中，追星现象非常普遍，为了不被看作“落伍”，不被视为“异端”，很多原本不爱追星的女孩也自觉不自觉地入了流。

3. 时尚心理。“追星”在很多女孩眼中是一件时髦的事，出于这种心情，她们走上了追星的道路。

03 女孩沉迷网络，如何巧妙应对？

女孩沉迷网络，多与家庭环境有关

女孩沉迷网络的原因：

- 网络的神秘和虚拟激发了女孩的好奇心
- 很多孩子都生活在亲子关系十分紧张的家庭

网络世界是一个神秘的世界，同时又是一个虚拟的世界。这种神秘和虚拟会最大限度地激发女孩的好奇心。因此，很多女孩都抱着一颗好奇的心，想进入这个世界看看。然而，网络世界又是鱼龙混杂、泥沙俱下的，有些女孩会被其中的一些不良信息误导，甚至身陷其中无法自拔。

发现女孩沉迷网络，家长们往往心急如焚。为了让女孩摆脱网瘾，很多家长就会用家长的权威来禁止女孩上网，这其实是一种治标不治本的方法，并不能解决根本问题。

事实上，要想改变孩子的网瘾，家长首先需要改变的是自己。

调查研究显示，90% 染上网瘾的孩子都生活在亲子关系十分紧张的家庭环境中，换而言之，孩子的网瘾是家庭功能失调的一种表现。因此，家长需要先改变与孩子的互动模式，建立一个温馨和谐的家庭氛围，让孩子能够从家庭中获得足够的情绪支撑力，才能使她们心甘情愿地回到现实生活当中来，才能让改变持之以恒。

了解女孩的“网瘾”类型，对症下药

女孩沉迷网络的应对方法：

- 教女孩学会在现实生活中进行人际交往
- 用替代方案满足女孩的心理需求
- 教女孩一些疏导压力的方法
- 肯定并鼓励女孩的正面改变
- 帮助女孩转移生活重心
- 鼓励女孩多进行运动

家长首先应该对女孩上网的目的进行了解。总体而言，女孩上网一般出于三种目的：

第一，正常的交友。网络所具有的平等、隐蔽、开放的特点，能够给女孩带来全新的交友体验。只有在网络上，女孩才能跨越年龄差距、地域界限，交到她在现实生活中不可能交到的朋友，从而了解到更多新鲜的信息。

第二，把上网当成一种精神寄托。有些女孩对现实生活存在着不满，这时，网络就会成为她们精神寄托的一种载体，成为她们释放烦闷的途径。她们会通过各种网络媒介，比如QQ、微博、微信，找到一些在她看来志同道合、能够聆听她倾诉的网友，然后把情感全面地投入网络，这样的女孩也最容易出现网恋的现象。

第三，为孤独寻找一个排解的出口。有些女孩由于各种各样的原因，在同学中难以获得认同，因此产生了严重的挫败感。这时，出于一种补偿心理，她们往往会把自己想象成另一种人。比如，不漂亮、成绩不好的女孩希望自己美貌与智慧并存，而网络这时刚好提供了满足她们心理情感的虚拟空间。因此，这样的女孩格外迷恋网络，从而不能自拔。

了解了女孩属于哪一类的上网族，家长们才能对症下药。如果女孩只是正常交友，那么家长们就没有必要对其进行限制，只要帮助她提高分辨能力，引导她正确地看待交友问题即可。

刘巧巧是一名初二的学生，她非常喜欢上网聊天，向网友诉说自己的心事。刘巧巧的爸爸一直非常担心她在网上遇到坏人。于是，只要刘巧巧上网聊天，爸爸的教导就会随之而来。最后，刘巧巧忍无可忍，和爸爸大吵了一架，并且和爸爸冷战了起来。

后来，刘巧巧的爸爸咨询了相关的专家后，也学着刘巧巧上网聊天的方法，与女儿成了网友。在网上，通过多次聊天，爸爸感动了刘巧巧，父女关系也因此得到了很大的改善。同时，刘巧巧的爸爸也通过上网聊天，总结了一些怎样鉴别网友好坏的经验，比如如何通过网友的言谈、态度识别坏人与好人，并把这些经验传授给了刘巧巧。刘巧巧发现，爸爸对网友品质方面的了解，的确有比自己高明的地方，自从用了爸爸传授的经验后，她从来没有像同学一样，在网络上遇到图谋不轨的坏人。

刘巧巧父亲的做法很值得借鉴，这不但可以告诉女孩应对的方法，还能提高女孩自我保护的能力。

当然，如果女孩是把网络当成精神寄托或者是排解的出口，那么就需要具体情况具体分析，找出她们陷入其中的原因，从而加以正确地指导。

1. 教女孩学会在现实生活中进行人际交往

很多女孩更喜欢与网友交流，往往是因为在她们的成长过程中缺少了人际交往这一课。这些女孩们不懂得应该如何与现实中的人交往，但是她们却发现，借助网络这个工具，她们与人的交流变得游刃有余。正因为如此，很多女孩沉迷于网络交友无法自拔。

至于女孩见网友，这只是这些问题的表现，并不是起因。女孩这样做，即使被家长制止住了，她还会去见第二个、第三个网友。因此，家长要想彻底根除女孩这样的想法，就需要从根本上帮助女孩克服人际交往的障碍，让她学会与现实中人进行沟通和交流。

2. 用替代方案满足女孩的心理需求

家长需要对女孩进行观察和沟通，了解女孩是哪方面的心理需求没有得到满足，比如得不到足够的关爱、因为学业不佳产生挫败感、缺玩伴等。

找到原因后，家长可以对此给予补偿。对于学习成绩差，只有在网络游戏中才能得到成就感的女孩，家长在学习方面可以降低要求，比如考试及格就好，让女孩较为轻松地就能达到，当女孩达到这一要求以后，家长要及时给予鼓励，并逐步提高标准。对于缺乏其他玩耍方式的女孩，家长可以鼓励她多出去和同伴一起玩耍，或者邀请其他女孩到家中做客等。对于有着逆反心理、故意和家长对着干的孩子，家长首先要改善亲子关系，然后再解决上网问题。

3. 教女孩一些疏导压力的方法

很多女孩之所以躲在网络世界里不肯出来，是因为生活中有太多的压力，如果家长能够教给她们一些疏导压力的方法，使她们的压力能够通过正当的途径释放出来，她们对网络的依赖就会逐渐减轻。

情商专家发现，最有效的疏压呼吸方式，是用 1:4:2 的方式进行吸气、屏气、吐气（比如 2 秒吸气、8 秒屏气、4 秒吐气），这样持续做上 5 分钟，压力感会得到有效疏解。当女孩知道她是有能力放松自己的，面对压力时就会更轻松自在。

4. 肯定并鼓励女孩的正面改变

家长还要多肯定并鼓励女孩的正面改变。在生活中，一旦女孩实现了她之前所制订的计划，比如每天运动一小时、正常作息，家长们就要对其进行肯定和鼓励。它可以是口头上的称赞，比如“孩子你太棒了！你说到做到，是很不容易的事情”，也可以量力而行地给孩子一些物质上的奖励，比如女孩心仪已久的运动鞋、CD 等。这样能够使女孩获得更多的愉悦感，从而增强坚持到底的信心。

5. 帮助女孩转移生活重心

家长们可以帮助女孩转移生活重心，为她们安排丰富多彩的活动，或者发展一些爱好。当她们的兴趣向其他方面转移之后，上网的时间自然会被逐渐压缩，生活的重心也会从网络转移到其他方面。当然，这需要一段时间的坚持，家长们要保持耐心，不能急于求成。

6. 鼓励女孩多进行运动

沉迷于网络的女孩，往往不够自信，而且自制力不足。家长们可以建议孩子多进行体育锻炼，甚至陪着孩子一起锻炼。

心理学研究发现，持续不断的运动，不但有利于提高孩子的身体素质，对孩子的自信和自制力也大有提升。原因是，能够日复一日地重复做一件事情，它本身就需要超高的自制力。

而且，正面的经验会使这种自信的感受得到加强。当孩子的锻炼规划能够不断地实行的时候，她就会变得越来越自信，越来越善于自控。

网络只是女孩暂时的心灵避难所，当家庭关系及情绪氛围有所改变时，孩子就不需要到网络上去寻求庇护，慢慢地就会摆脱网络，回归到现实生活中来！

养育女孩小贴士

关于网瘾家长需纠正的几个误区

1. 不要把沉迷网络的孩子当成是毫无前途的坏孩子。

2. 不要把极端的案例套用到自己孩子身上。处于青少年时期的女孩可塑性极强，在不同的层面都有矫正的可能，只要家长不放弃，孩子就有希望。

3. 对网络的着迷不是一夜之间形成的，不能只看结果，忽略了孩子成长中积累的过程。

4. 网瘾并不单纯是孩子的问题，这也是家庭、学校、社会多方面的问题，家长要同时调整自己。

5. 网瘾不是思想道德问题，家长用说教是没有办法解决的。这不是表面的“贪玩、没上进心”，而是有着深层次的心理需求。

04

女孩青春期叛逆，如何巧妙应对？

青春期“叛逆”，每个女孩的必经阶段

青春期“叛逆”的“真相”：

- “叛逆”是青春期的标签
- 叛逆心理包括行动和感觉两方面
- 叛逆心理是女孩进一步成长的信号

处于青春期的女孩，由于身体的快速生长发育，在儿童时期所建立的自我形象被迅速打破。于是，她们不得不建立并适应全新的自我形象，这带给她们巨大的挑战。因此，青春期又被称为“自我的第二次诞生和自我的发现时期”，无论男孩还是女孩，都要经历这样一个阶段。

1.“叛逆”是青春期的标签

几乎每个处于青春期的女孩都曾经有过叛逆的表现——对家长的再三叮嘱感到心烦不已；把敢和老师对着干的同学视为‘英雄”；认为父母、老师的话都是过时的，不愿意听；喜欢与众不同，爱做令人大吃一惊的事情，希望引起其他同学的注意；违反某些规定时会感到一种难以言说的快乐；无法接受别人的批评，对反对自己的人极为反感和愤怒；

认为父母和老师不应该为一些事小题大做……

赵小莲今年读初二，在老师们的眼里，她是个不折不扣的“问题学生”。一次，赵小莲在物理课上捣乱，物理老师批评了她，从此，赵小莲再也不听物理课了，一上课就睡觉，课堂练习和课后作业也不去完成。

班主任老师和教导主任不止一次地找赵小莲谈心，对她进行批评教育，可是赵小莲非但拒不承认错误，竟然还振振有词，态度非常恶劣。赵小莲的父亲长期在外地工作，她和母亲一起生活，母亲工作也很忙，不过对赵小莲要求特别严格，说一不二。在教育孩子时，赵小莲的母亲采取的策略就是无休止地说教，缺乏对赵小莲的关心和理解。赵小莲小时候不敢顶嘴，现在一听到母亲唠叨就发脾气，甚至现在一回家就把自己关进房间，连个招呼都不打。问她问题，赵小莲要么装听不见，要么就用“是”或“不是”随口敷衍，多问几句学习上的情况，她就不高兴地大声嚷嚷：“你有完没完？烦不烦啊！”不仅仅是老师和母亲，谁的话她都听不进去，令人头疼不已。

赵小莲的种种表现就是典型的青春期叛逆心理。

2. 叛逆心理包括行动和感觉两方面

行动上，比如，家长越是强调横穿马路的危险性，她就越是在汽车的缝隙间穿来穿去；感觉上则表现为孩子的愤怒、惧怕、害羞、不合作等。这是因为处于青春期的女孩视野更开阔、自主意识更强，所以不再像小时候那样时时处处听从家长的命令。她们已经有了自己评判事物的标准和看待问题的特有角度。这些特有的标准和角度能够在同龄人之间心领神会，但在一些家长的眼里可以说是混沌一片，不知作何解释。一些家长渴望明白个究竟，随时随地都想监控自己的女儿，而女儿却又随时随地想摆脱家长的监控。

3. 叛逆心理是女孩进一步成长的信号

其实，青春期女孩这种与家长和老师对着干的叛逆表现，正是女孩的情绪和性格即将进入一个较稳定时期的前奏。换句话说，青春期女孩的叛逆心理是她进一步成长的信号。了解了这一点，做父母的就不会一味地埋怨女儿总是不听话，和自己对着干了。

青春期女孩在叛逆心理下，经常是“你要我这样，我偏不这样”，这种情形无疑会让家长感到十分恼火，家长越恼火就越容易简单粗暴地训斥孩子，但这样做非但无法影响女孩的想法，反而会更加助长她们的反感情绪，加剧她们的叛逆心理。如果家长不能正确理解、谅解青春期女孩的逆反心理，她们就很容易进一步发展为逃学、离家出走，甚至走上犯罪的道路。因此，家长对青春期女孩的逆反心理切不可粗枝大叶、听之任之。

恰当关爱女孩，化解青春期逆反心理

化解女孩青春期逆反心理的妙招：

- 要肯定叛逆是女孩成长的表现
- 采用恰当的方式来关心和爱护女孩
- 给予女孩足够的理解和宽容
- 与女孩进行“平行沟通”
- 鼓励女孩探索新鲜事物

逆反心理会蒙蔽青春期女孩的双眼，让她们无法正确判断事物，个性变得固执不讲理，这不仅会影响到她们生活能力的发展，而且也使她们越发经不起生活中的考验和挫折。毫无疑问，这对女孩的健康成长是有百害而无一利的。那么，如果女孩有了事事与家长对着干的叛逆倾向，家长应该怎样纠正她们的这一坏毛病呢？

1. 要肯定叛逆是女孩成长的表现

当家长遇到女孩不听话、不配合、不沟通的情况时，一定不要把女孩的这些行为看成是对自己权威的挑战，而要承认叛逆是女孩生理成熟、认知能力提高、自我同一性发展的结果，是成长的表现，是一件好事情，至少是好的开始。家长不要盲目否定女孩的不守规矩，对女孩勇于自我探索的表现要加以肯定。得到家长的认可之后，孩子可能就不会那么叛逆了。

2. 采用恰当的方式来关心和爱护女孩

作为家长，千万不要对女孩过分娇惯、宠溺，要采用恰当的方式来关心和爱护她们。需要注意的是，家长对女孩的关爱，不应只局限于物质享受方面，更应该注意到女孩心态上的变化，在正确的教育观念的指导下来教育女孩。

比如，家长可以为女孩创造机会，让她们多与同伴交往，提高社交技能，从而养成良好的品格；或是让女孩适当地去接触社会，参与劳动，打破家庭封闭之门，让她们了解到事情并不总如她们想象的那样，从而学会从多角度考虑问题，这才是父母爱护女孩的正确方式。

当青春期女孩由于叛逆心理而与家长对着干时，家长还应利用周围的环境，设法转移女孩的注意力，让她们被一些新鲜的事物所吸引，从而将其逆反心理消解于无形。

3. 给予女孩足够的理解和宽容

面对青春期女孩硬要和家长对着干的逆反心理，家长们要尽可能地避免用自己的权威来强行压制她们。事实上，家长越压制，她们想要证明自己的欲望就会越强烈，进而就会越叛逆，越要和家长对着干。

如果女孩最终因为无法承受家长的压力而在反抗中落败，一同放弃的将是她们的独立意愿和独立能力。如此“听话”的孩子，将会错过了塑造独立人格的最佳时期，这样即使她们在成年以后也会缺乏独立思考和独立做事的能力，而这同样也是家长们不愿意看到的。因此，在面对青春期女孩的叛逆心理时，家长们决不能采取“暴力镇压”的手段，而是应该最大限度地给予女孩理解和宽容，以此来化解她们的逆反心理。

4. 与女孩进行“平行沟通”

沟通是解决女孩身上出现的诸多青春期问题的一种最有效的方式。然而，要想真正解决问题，家长和孩子之间的沟通必须建立在双方平等的基础上。比如，家长可以以朋友的身份与女孩进行“平行沟通”。

“平行沟通”指的是家长与女孩一边进行一些其他的活动，一边进行交谈，重点放在活动上，而不是谈话的内容，双方也不必互相看着对方。比如，家长可以和女孩一起收拾屋子，并且在收拾屋子的同时进行沟通。

这种非面对面的沟通方式会让家长和女孩都感到轻松自在，冲淡双方之间的对立气氛，这样往往能引起女孩的热烈回应，也不容易激起她们的叛逆心理。至于谈话内容，家长可以和女孩谈一些关于学习的方法、处世的智慧、做人的道理等。

5. 鼓励女孩探索新鲜事物

每个处在青春期的女孩都向往自由和独立，对新鲜事物充满了好奇，这一特点是有利于女孩健康成长的。因此，对于女孩探索新鲜事物的努力，只要是无害的，家长都应该尽自己的努力给予支持，让她们在探索的过程中认识生活，积累经验。比如，当女孩对文学产生了浓厚的兴趣，经常在课余时间阅读文学作品时，家长切不可以耽误学习为由扼杀她们的积极性，而是要鼓励她们探索新的事物。这样一来，女孩的心思有了归属，也就不会再因为叛逆心理而主动去和家长对着干了。

养育女孩小贴士

了解女孩的叛逆类型，对症下药

青春期女孩的叛逆行为，主要可以分为三种类型：

1. 暴躁型，即对家长、老师的要求剧烈反抗，经常跟家长吵架或发脾气，有时跟家长冷战。对暴躁型叛逆的孩子，家长不要硬碰硬，要以柔克刚。

2. 沉默型，即不愿跟家长沟通，对事情漠不关心，对家长的话没有反应，不喜欢跟老师接触。对沉默型叛逆的孩子，家长要耐心等待，慢慢沟通。

3. 阳奉阴违型，即当着家长的面赞成家长的要求，自己的行为表现却相反，家长说什么都表面答应，但是依旧我行我素。对阳奉阴违型叛逆的孩子，家长要让孩子感受到真诚。

05

女孩遭遇性骚扰，如何巧妙应对？

性骚扰“低龄化”明显，家长应警惕

关于性骚扰，家长应当知道：

- 性骚扰已出现“低龄化”趋势
- 除了传统意义的“耍流氓”，性骚扰还产生了一些新形式
- 受到性骚扰的女孩，其恋爱和婚姻都可能因此受到影响

很多家长在女孩的性教育这个问题上，不是一味回避，就是让女孩“自我摸索”。然而，如今的性骚扰不仅成了很多成人的困扰，还出现了向“低龄化”发展的趋势。在这种情况下，家长如果仍不引起警惕，有可能留下严重的隐患。

在现在的生活中，性骚扰的方式非常多样，除了传统意义中的行为以及语言上的“耍流氓”，还产生了一些新的形式，如网上聊天、手机短信等，这些都是性骚扰的一种。有人做过这样一份调查：受到性骚扰的女孩，大约有2／3会产生羞辱感、抑郁感，甚至还会对异性产生恐惧，进而影响到未来的恋爱甚至婚姻生活。对此，父母应当有着必要的警惕。

了解必要知识，保护女孩远离性骚扰

如何保护女孩避免遭受性骚扰：

· 让女孩了解必要的性知识

· 让女孩学会保护自己的方法

· 及时发现女孩的异常

· 妥善地与女孩进行沟通，并及时疏解女孩的情绪

面对女孩可能遭遇的性骚扰，家长应该怎么应对呢？

1. 让女孩了解必要的性知识

生活中，有很多女孩并不知道什么是性骚扰，她们只是对对方的行为感到厌恶。而有的父母很少和女孩谈论性骚扰方面的话题，因此女孩常常受到了伤害，而父母却毫不知情。久而久之，女孩的心理就会因此受到很大的伤害。所以，在女孩的成长过程中，让女儿了解一些性知识，让她知道什么是性骚扰，并让她学会防范性骚扰，这是家长的职责之一。

2. 让女孩学会保护自己的方法

让女孩学会保护自己，家长应该告诉孩子以下十件事情：

· 人的身体是属于自己的。“你的身体是属于你自己的。你的身体是隐私的，特别是性器官部分。没有任何人有权利看或是摸你这部分的身体，除非是爸爸妈妈为你洗澡的时候，或是医生为你检查的时候。”

· 不要帮坏人保守秘密。“如果有人看过或碰过你这部分的身体，或是有人企图或要求这样做，你都一定要告诉父母。如果这样的事情发生了，我们绝对都不会因此就向你生气。我们会很高兴你把实情告诉我们，这是正确的选择。记住，无论是谁，如果他要求你保守这样的秘密，那肯定是错的，即使这个人是警察、你的老师、亲戚、护士或是医生。”

· 相信你的感觉。“你的身体是属于你的，我们相信你，也要求你相信自己的感觉，所以如果有人看你或摸你的方式，让你觉得很不舒服，我们希望你相信自己的判断，并选择离开他们。”

· 你也不能触碰其他人的隐私部位。“和别人不能碰你的隐私部位一样，你也不可以触碰别人的隐私部位，即使是他/她要求你这么做的。”

· 大部分人从来不会这么做。“你可能永远都不会遇到之前说的那些情况，因为大多数人从来不会做这些事情。但是万一你遇到了，你就要记得刚才说过的话。”

· 尊重孩子并让她学会说“不”。家长可以采用一起玩“挠痒痒”的游戏。在游戏中，如果孩子觉得痒得受不了时，家长就要鼓励孩子喊“停”。最好也能鼓励孩子之间遵守这样的规则。“停止”或“住手”需要被尊重，并且是马上执行。告诉孩子，当有人，包括父母、兄弟姐妹或朋友不尊重他们时，生气是完全合理的反应。

· 教会孩子大声呼救。家长要告诉孩子，在对方强迫孩子做她不想做的事时，可以大声呼救，以引起别人注意。

· 时时叮咛孩子出门在外要小心。家长要叮嘱孩子不走偏僻小巷、不落单、不凑热闹。如果被人跟踪应该尽量选择去热闹、明亮的地方，如饭店、商场等，寻求店员等工作人员的帮助，而不要直接回家。

· 教导孩子不理会陌生人的搭讪，不轻易相信陌生人的话。教导孩子不接受陌生人给予的食物或饮料，中途离座如厕后，避免食用桌上的食物、饮料。

· 教育孩子不要开门让陌生人进家。

赵艳艳的父母很早就开始对赵艳艳进行性教育。在赵艳艳 6 岁时，父母是这样对她进行性知识和自我保护知识教育的：不能跟陌生人走，不管是男人还是女人；在学校要上厕所时，需要和同伴一起去；如果有人想让你脱衣服，你有权拒绝，不管是你的好朋友、老师或家长认识的熟人。为此，赵艳艳的父母还为她假设了很多种情况，并且告诉她如果遇到这些情况后，应当怎么处置。比如："父母不在家时，一个男生要你和他一起回家，这时应当怎么办？""跟父母很熟的一位叔叔让你坐到他的膝盖上，并且长时间不让你下来，这时你要怎样去做？""有人让你把衣服脱了，你需要怎样去做？"赵艳艳的父母告诉她，如果一旦遇到这些情况，最好的也是别无选择的解决方法是：对其说"不"、逃走或者告诉家长。

了解了这些事后，当女孩再遇到一些性骚扰的问题时，她就不再只是害怕和恐惧，而是会主动采取一定的措施来保护自己。并且，当女孩知道性骚扰是怎么回事以后，一旦真的遇到类似的事情，她的心理伤害也会减小到最低。

3. 及时发现女孩的异常

当女孩遭遇性骚扰的时候，家长怎么才能发现？

其实，家长可以从生理和心理两方面进行观察。

· 生理方面：

a. 身体出现了莫名的伤痕。

b. 生殖器官（比如阴部、肛门、尿道）有受伤、疼痛、出血或感染症状。

c. 行走或坐卧时感到不适。

d. 处女膜破裂或两腿内侧出现红肿、瘀伤等现象。

· 行为方面：

a. 异于平常的情绪反应，如恐惧、退缩、攻击等。

b. 对异性或特定的成人反应异常，不是过分亲昵，就是极度害怕和逃避。

c. 极力掩藏生殖器官等身体部位。

一旦家长发现自己的孩子存在以上的表现，首先不要责备她，而应该考虑孩子为什么会出现这种情况，是否遭到了性骚扰。

4. 妥善地与女孩沟通，并及时疏解女孩的情绪

在发现女孩遭到了性骚扰后，作为家长，请务必做到以下几点：

· 保持冷静，不要过度自责，先稳定自己的情绪，才有能力呵护孩子，试着控制自己的愤怒、惊吓，有助于孩子知道你能处理她所无法处理的困境。

· 倾听、了解并相信孩子所说的事。

· 表示对她的尊重，不要强迫其说一些细节，并告诉她你不会告诉任何无关紧要的人。

· 仔细聆听事情的经过，并尽量了解孩子所要表达的意见。以和蔼、自信的语气代替责骂，诚恳地和孩子沟通并接纳她。

·谢谢孩子愿意相信你，告诉你，并重复向小孩保证她不会挨骂。

·告诉孩子类似的事也有可能发生在其他女孩的身上，她不是唯一的，而且遭遇这样的事情并不是她的过错。

·让孩子接受医生的检查，保留医疗或法律上需要的证明。

·带孩子接受心理辅导，让全家一起参与孩子心灵复原的过程。

·告诉警察、社工人员，或向民间专业的服务团体求助。

此外，作为家长，还要记住一点，在对女孩进行性知识和一些防范性骚扰教育时，首先自己要克服害羞心理，尽量用平和、舒缓的语气教育女孩。假如发现女孩受到了伤害，这时千万不能责备她，因为这样不但会让女孩受到更大的伤害，还会对她的成长产生非常不利的影响。

养育女孩小贴士

如何应对性骚扰

家长们应该教育女孩，一旦遇到性骚扰，要做到以下几点：

1. 在与他人的接触中，如果判断出是不好的接触，应尽快冷静下来，并想办法机智地离开。

2. 不要激怒对方，防止给自己带来生命危险。

3. 如果遭遇性骚扰，一定要马上告诉父母，报警和到医院检查身体。

4. 如果力量无法与骚扰者对抗，也没有机会逃离，在万般无奈的情况下，先顺从罪犯，不要以跳楼等伤害自己生命的方式来进行抗争。要记住，生命高于一切。